水野 佑紀

赤ちゃん・子どもの「病院へ行く前に……」

～0歳から15歳（中学生）頃まで～

東京図書出版

はじめに

　この本は、小児科外来や乳幼児健診または育児相談・医療相談・保育園など様々な場面で、お子さんや保護者の方、保育園・学校の先生と接してきて、こんな1冊があったら日頃の不安や疑問も少しは解消されるのではないか、病院へ行くのも迷わずに済むのではないかな、という思いでまとめたものです。

「ちょっと聞いてみたいけど、確認してみたいけど、すぐ聞ける人がいない」「相談できる人が周りにいない」「ネットで調べてみたけれど、どうなのかなあ」「病院行くべきなの？」「もしかして救急車？」などと悩んでしまう……そんなときはありませんか？

　そんなときや、日頃から知っておくためにこんな一冊があったら、「そうなんだ、知らなかった」「様子を見ていたらいけなかったんだ」「病院に行かないといけないんだ」「あわてなくてよかったんだ」「救急レベルだったんだ」「そんなときはこうしたらいいんだ」「こういうところを見て、こう対応をしたらいいんだ」など、発見があるかもしれません。

　お子さんは自分で自分の状態が分かりません。言い出すこともできないし、うまく伝えることもできません。気づいてもらえなかったり、「大丈夫よね」と言われると、子どもは「ウン」と言ってしまいます。そして、症状があってもよくわからないまま辛い思いをしながら我慢してしまいます。

I

この本を通して、子どもの症状や病気について少しでも知っていただけると、お子さんのことに気づいてあげられたり、落ち着いて対応できたりと全く違ってくるかと思います。

　今までよく見かけたこと、相談されたことなどを中心にまとめてみました。

　そばに置いていただき、お子さんをみるための一助となり、頑張って子育てされているお父さん・お母さん、祖父母の方のお役に立てましたら幸いです。

もくじ

はじめに 1

I　症状別　受診のめやす 13

1. 発　熱 16
2. けいれん 20
3. 咳 23
4. 鼻水・鼻づまり 24
5. 息苦しい（呼吸困難・喘息など）...........................24
6. 発疹・湿疹・蕁麻疹 26
7. 腹　痛 28
8. 便　秘 30
9. いつもとちがう便（下痢・色がちがうなど）................30
10. 吐き気・嘔吐 33
11. おしっこが出ない・おしっこをするとき痛い・
    血尿など 36
12. 頭　痛 38
13. 胸痛・動悸 40
14. 食欲がない 41

15. 泣き止まない 42

16. 熱中症 44

17. 低体温 47

18. 頭のケガ 48

19. 鼻血・鼻のケガ 51

20. 口のケガ 53

21. 耳の異常・耳のケガ 56

22. 眼の異常・眼のケガ 57

23. 手足のケガ 59

24. おなかや胸・背中のケガ 62

25. やけど 63

26. 虫に刺された・動物に咬まれた 66

27. 誤　飲 69

28. 薬の誤った内服 73

29. たばこの誤飲 74

Ⅱ　よく見かける病気やトラブル 77

　1. 感染症や他の病気など 77

　　1）咽頭結膜熱（プール熱・アデノウイルス）............ 77

　　2）細気管支炎（RSウイルス）............................... 78

　　3）喘息性気管支炎 78

　　4）クループ 79

5）溶連菌性咽頭炎（溶連菌感染症）.................................80

6）リンゴ病（伝染性紅斑）.................................81

7）手足口病.................................82

8）ヘルパンギーナ.................................82

9）ヘルペス性歯肉口内炎.................................82

10）ウイルス性胃腸炎.................................83

11）細菌性腸炎.................................83

12）周期性嘔吐症（自家中毒・アセトン血性嘔吐症）...86

13）インフルエンザ.................................87

14）マイコプラズマ肺炎.................................88

15）百日咳.................................88

16）EBウイルス感染症（伝染性単核球症）.................................89

17）突発性発疹.................................89

18）水ぼうそう（水痘）.................................90

19）帯状疱疹.................................91

20）はしか（麻疹）.................................91

21）風疹.................................92

22）おたふくかぜ（流行性耳下腺炎・ムンプス）.........92

23）反復性耳下腺炎.................................93

24）リンパ節の腫れ.................................94

25）中耳炎（急性中耳炎・滲出性中耳炎）.................................94

26）髄膜炎.................................96

27）脳炎・脳症.................................96

28）尿路感染症（腎盂腎炎・膀胱炎）.................................97

29）ネフローゼ症候群.................................97

30）蟯虫症 98

31）しらみ 98

32）川崎病 99

33）アレルギー性紫斑病（血管性紫斑病・
ヘノッホ–シェーンライン紫斑病・ア
ナフィラクトイド紫斑病）..................... 99

34）肥厚性幽門狭窄症 100

35）腸重積 100

36）そけいヘルニア・嵌頓ヘルニア 101

37）斜視 102

38）肘内障 102

39）O脚・X脚 103

40）ろうと胸 103

41）成長痛 104

42）鉄欠乏性貧血（貧血）........................ 104

43）起立性調節障害（起立性低血圧）......... 105

44）糖尿病 106

2. 皮膚の病気や肌トラブル 107

1）水いぼ（伝染性軟属腫）..................... 107

2）とびひ（伝染性膿痂疹）..................... 108

3）あせも 108

4）オムツかぶれ 110

5）カンジダ皮膚炎 111

3. けいれん・ひきつけ 111

１）熱性けいれん ……………………………………… 111

　　　２）泣き入りひきつけ（憤怒けいれん） …………… 113

　　　３）てんかん ………………………………………………… 114

4. アレルギー ………………………………………………… 115

　　　１）気管支喘息（喘息） ………………………………… 115

　　　２）アトピー性皮膚炎 …………………………………… 118

　　　３）食物アレルギー ……………………………………… 119

　　　４）蕁麻疹 …………………………………………………… 121

　　　５）アレルギー性鼻炎 …………………………………… 122

　　　６）アレルギー性結膜炎 ………………………………… 123

5. おしりや泌尿器系の病気など ……………………… 124

　　　１）肛門周囲膿瘍 ………………………………………… 124

　　　２）肛門のスキンタグ …………………………………… 125

　　　３）陰嚢水腫 ………………………………………………… 125

　　　４）停留精巣（停留睾丸） …………………………… 125

　　　５）亀頭包皮炎 …………………………………………… 126

　　　６）恥垢 ……………………………………………………… 126

　　　７）包茎 ……………………………………………………… 127

　　　８）女の子のおりもの（外陰膣炎） ……………… 127

6. その他の気になる症状 ………………………………… 128

　　　１）過呼吸・過換気 ……………………………………… 128

　　　２）心因性頻尿 …………………………………………… 128

　　　３）おねしょ・夜尿 ……………………………………… 129

　　　４）チック ………………………………………………… 130

5）指しゃぶり 131

6）便秘 131

7. 生後間もない赤ちゃんの病気や気になる症状 132

1）頭のかさぶた（脂漏性湿疹） 132

2）赤ちゃんにきび（新生児ざ瘡） 132

3）湿疹・かぶれ 133

4）鵞口瘡 134

5）めやに（鼻涙管閉塞） 134

6）鼻づまり？ 135

7）臍肉芽腫 136

8）臍炎 137

9）臍ヘルニア 137

10）体重が増えない 138

11）舌小帯 140

Ⅲ　よくある症状についてのホームケア 142

1. 熱が高いとき 142

2. 声が枯れている・咳がひどい・のどが痛いとき 144

**3. のどが痛い・口内炎などで口の中が痛いときの
食事** 145

4. 鼻水・鼻づまりがひどいとき 145

5. 下痢や嘔吐のとき 145

1）お勧めの水分 145

2）上手な水分のとりかた 146

３）脱水が疑われるのはどんなとき？ 147

４）食事について 147

５）おしりかぶれについて 148

6. 便秘のとき 149

１）お勧めの食材 149

２）浣腸について 149

7. 赤ちゃん、小さな子どものスキンケア 151

１）スキンケアの基本について 151

２）保湿剤について 152

３）ステロイド外用薬について 153

４）紫外線対策について 154

５）湿疹とアレルギー疾患との関係 154

IV 薬について 156

1. 薬の飲み方 156

１）飲む時間について 156

２）上手な飲ませ方 157

2. 抗生剤（抗菌薬）について 158

3. 解熱剤について 159

4. 坐薬の使い方 160

１）けいれん予防の坐薬と解熱剤の坐薬を使う
とき 160

２）上手な入れ方 160

5．点眼薬の使い方 161

6．点耳薬の使い方 161

V　予防接種について 162

1．予防接種は生後２カ月からスタート 162

2．初めてのワクチンと予防できる病気 163

　　1）細菌性髄膜炎（対応ワクチン：ヒブワクチン・
　　肺炎球菌ワクチン） 163

　　2）ロタウイルス胃腸炎（対応ワクチン：ロタウイ
　　ルスワクチン） 164

　　3）B型肝炎（対応ワクチン：B型肝炎ワクチン） ... 164

3．同時接種について 165

4．生ワクチンと不活化ワクチンのちがい 165

　　1）生ワクチン 165

　　2）不活化ワクチン 166

5．ワクチンの接種間隔 166

6．定期接種と任意接種 167

　　1）定期接種 167

　　2）任意接種 167

7．インフルエンザワクチンについて 168

VI　赤ちゃんから小さな子どものケガ・事故の
　　特徴と事故予防 170

1. 寝返りができる時期（生後0カ月〜5カ月頃）......... 171
2. おすわり・はいはいができる時期（生後5カ月〜9カ月頃）.. 172
3. つかまり立ち・つたい歩き・よちよち歩きができる時期（生後10カ月〜1歳半頃）...................... 173
4. 走ることができる時期（2歳〜）............................. 177

   おわりに 179
   参考資料 180

Ⅰ　症状別　受診のめやす

「このまま様子をみていていいの?」「すぐ病院に行くべき?」「こういうときは救急車?」などと悩むときがありませんか?
　ここでは各症状別に受診のタイミングのめやすを紹介していますので、参考にしてください。
　あくまでもめやすですので、お子さんの様子を見ていてやはり不安を感じるようであれば早めに病院へ行きましょう。

救急車を呼びましょう

緊急性が高いものとなりますので、すぐに119で救急車を呼んでください。

急いで病院へ

病院まで行くのに遠い・道が混んでいるなどで相当な時間がかかる、時間外や問い合わせをしたがすぐに診てもらえる病院が見つからない、急速に症状の悪化がみられるなどの場合は119で救急車を呼ぶことも考えてください。

なるべく早く病院へ

午前中であれば午前診察の早い時間に、午後であれば午後診察の早い時間に病院へ行きましょう。
休日や夜間、一般外来が終わっている時間であれば救急外来へ。

> その日のうちに病院へ

午前中であれば遅くても午後診察や夕方診察へ、夜遅い時間であれば翌朝の午前診察の早い時間に病院へ行きましょう。

> 様子を見て、ひどくならないのであれば明日病院へ

翌日でも午前中には病院へ行きましょう。

⚠️ 次の場合には、すぐに救急車を呼んでください

- 息をしていない・冷たくなっている
- 呼びかけても反応がない・叩いてもつねっても反応しない
- のどを詰まらせている・声が出せない
- 息苦しそう・息が苦しくてしゃべれない
- 顔色が真っ青・唇や爪の色が紫色・冷や汗をかいている
- すぐウトウトする・反応が鈍い・いつものように受け答えができない

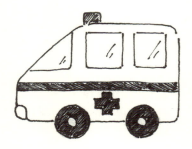

I　症状別　受診のめやす

　☆印には、応急処置や注意事項または参考となるメモを記しています。

☆病院へ行くときには……
● お子さんの様子と経過や心あたりなど、よくわかっておられる方が一緒に病院へ行きましょう。他の方が連れて行かれるときは、詳しいメモなどを渡してお願いしましょう。お子さんだけでは情報が十分ではありません。
（いつから、どのような症状・熱の経過・便や嘔吐の回数・食べたもので気になる食材・身近に流行していると聞いている病気・以前起こしたアレルギー・旅行先など）
● 母子手帳・お薬手帳・保険証・診察券・医療証を持って行きましょう。
● オムツをしている子で便が気になるときは、写真を撮るか便の付いたオムツを持って行きましょう。
● 呼吸やけいれん、眼の動きなど気になる動作を相談したいときは動画を撮って見てもらえるようにしましょう。
● 子どもは、体調が悪いときよく吐きます。着替え・ビニー

ル袋・オムツ・タオル・ティッシュ・ウエットティッシュ
なども持って行きましょう。

●お茶やミルク（保温ボトルにお湯も）などの飲み物・絵
本・お気に入りのぬいぐるみやおもちゃなど、何かひとつ
持って行くと待ち時間もぐずることなく助かるかもしれま
せんね。

●診察直前の飲食は控えてください。診察時に誤嚥・嘔吐に
つながる可能性があります。また、診察の妨げになりま
す。

●受付で簡単に症状を伝えてください。症状が強くつらいと
きは遠慮せず伝えてください。

●海外旅行に行っていた場合は、国名も伝えてください。

１．発　熱

☆「発熱」は、病気と闘うための体の反応のひとつです。熱
自体は怖いものでも悪いものでもありません。
　通常の発熱で脳や神経などが侵されることはありません。
ただし、42度を超えるような発熱は脳がダメージを受け
ている可能性があるため、すぐの受診が必要です。

急いで病院へ

□熱がどんどん上がってきて、41度以上の熱がある
□顔色が悪い
□意識がもうろうとしている、ボーッとしている

I　症状別　受診のめやす

□１日中ウトウトしている、ぐったりして起き上がらない、
　周りに興味も示さない
□興奮している、暴れている、ずっと機嫌悪く泣いている
□泣き声が弱々しい
□くぐもった声、飲み込みができない、よだれをたらしてい
　る

　なるべく早く病院へ
□水分が十分にとれない、おっぱいやミルクの飲みが悪い、
　おしっこの出が少なくなってきて色も濃い
□ひどい下痢（いつもより水っぽい、回数が多い、色がちが
　う）をしているが、まだ受診していない
□吐くのを繰り返し、いつまでも水分がとれない
□ひどくおなかを痛がる
□ひどい頭痛がある（好きなものを見せてもごまかせないほ
　ど痛がる、眠れない）
□ぐずって眠れない、すぐ起きてしまう
□免疫系や血液系の病気、心疾患や川崎病でアスピリンを飲
　んでいる、免疫抑制剤やステロイドの薬を使っている、糖
　尿病・腎疾患・肺疾患など特別な病気にかかったことがあ
　る、またはかかっている
□生後３カ月未満で38度以上の発熱（２日以内にワクチン
　は接種していない）
☆生後３カ月未満であれば、通常はお母さんの免疫をもらっ
　ているため細菌感染を疑いますが、ご家族に感染症にか

17

かっている方がいる場合は同じものを疑います。

「生後間もないうちは風邪をひかない」と言われていますが、生後1カ月でもインフルエンザにかかりますし、風邪もひきます。ご家族で体調不良の方がいなければ、まずは尿路感染症を疑います。生後間もない赤ちゃんの発熱でよく見かける病気です。

採尿パックまたは管を入れて、おしっこを採って検査をします。結果が出たら抗生剤が処方され、数日後再検査となります。状態によっては、入院となることもあります。

☆生後間もない赤ちゃんは髄膜炎など重い感染症を起こす可能性が高くなります。

特に生後3カ月未満の赤ちゃんの発熱は機嫌が良く、母乳やミルクがよく飲めていたとしても様子を見ていないで、早めに病院へ行きましょう。

その日のうちに病院へ

☐痰の絡んだ咳が出ている
☐黄色や緑色の鼻水が出ている
☐体にブツブツが出ている、体が赤い
☐機嫌が悪い
☐耳を気にして触る、耳を痛がる、耳だれがある
☆耳鼻科へ行きましょう

様子を見て、ひどくならないのであれば明日病院へ

☐37度台まで下がることもある

I　症状別　受診のめやす

□解熱剤を使わなくても元気、水分や食事がとれる、機嫌も
　悪くない
□今日昼以降からの発熱で、周りでインフルエンザが流行っ
　ている
☆インフルエンザなど鼻や喉からの迅速検査は熱が出てすぐ
　に検査しても結果が出ない場合があります。

☆ワクチン接種後の発熱について
　接種後１〜２日以内に38度以上の熱があっても、他に何
も症状がなく、普段通り元気であればお家で様子をみてくだ
さい。翌日も高い熱が続くようであれば病院へ行きましょ
う。

☆熱の測り方について
　赤ちゃんや小さな子は厚着や、ずっと大人と密着して抱っ
こされていた、暖房や屋外や車の中が暑かったなどといった
ことでも影響を受けやすく、体に熱をこもらせるため体温が
高めに出ます。体の熱を逃がしてから測りなおしてくださ
い。何回測りなおしても37.5度以上が続くようであれば熱が
あると考えてよいでしょう。
　一日の中でも人の体温は、朝は低めで夕方は高めと変動が
あります。運動後や食後も体温は高めに出ます。
　普段から体温が高めな子、低めな子と個人差もあるので、
条件が同じ時に測り、その子の平熱を知っておくことも大切
です。

19

2. けいれん

「ひきつけを起こしている」「白眼をむいている」「手足が硬直している」「泡を吹いている」「呼びかけても返事がなくガクガク・ピクピクと震えている」「息を止めて唇の色が真っ青」など

☆けいれん時の対応
○慌てず、時計を見て時間を計りましょう（病院で、何分けいれんが続いたか聞かれます）
○けいれんの様子をしっかり見てください（病院で、どんなけいれんだったか聞かれます）
○安全な場所に寝かせ、呼吸がしやすいように衣服をゆるめる（特に首回り）
○吐いたものが喉につまらないように顔と体を横に向ける（けいれんがすぐに命にかかわることはありませんが、窒息で亡くなることがあります）
○体を起こしたり、ゆすったりしない
○口の中に何も入れない（舌を噛み切ることはありません。

Ⅰ　症状別　受診のめやす

お母さんが慌てて指を入れることがあるのですが、すごい力で噛まれます）

　救急車を呼びましょう

□けいれんが５分以上続いている

□同じ日に繰り返しけいれんしている

□けいれんが止まっても意識が戻らない、半眼のまま周囲への反応が乏しい

☆けいれん後数分はボーッとしていることが多いのですが、いつまでも呼んでもたたいても反応がなければ救急車を呼んでください。

□いつまでも顔色が悪い、唇の色が紫色

☆けいれん中は息を止めてしまうため唇の色が紫色になりますが、たいていはすぐに戻ります。

□不穏状態がつづく、呼びかけても目が合わない状態が続く、興奮している、暴れている

□けいれんに左右差がある

□強い頭痛と繰り返し嘔吐がみられる

□手足の麻痺がみられる

□頭や顔を強く打った後のけいれん

□６歳以上

☆熱性けいれんは、ほとんどの子が４〜６歳ごろまではみられます。成長とともにみられなくなるものなので、６歳以上は要注意です。

□感染症にかかっていてけいれんを起こした

21

☆過去に「熱性けいれん」と診断されたことがあっても、今回は感染症によるものかもしれない、ということも念頭においてください。

急いで病院へ
□熱が高い
□頭が痛い
□生後6カ月未満
□生まれて初めてのけいれんで、2〜3分で止まり、今は普段通りに戻っている
☆けいれんは何によるけいれんか診断がついていない初めてのものの場合、特に保護者の方が一人で病院へ行かれる場合はタクシーなどを利用されることをお勧めします。ご自身で運転中に「またけいれんし始めた」「呼吸がおかしくなった」「吐いた」などが起こった場合、安全に受診できなくなります。不安があれば救急車を呼びましょう。

なるべく早く病院へ
□意識が戻っても不機嫌な状態が続く
☆けいれんかどうかわからない場合は、まずは受診し、様子を伝えてください。

その日のうちに病院へ
□以前にもけいれんを起こしたことがある、診断がついていてかかりつけ医がある

Ⅰ　症状別　受診のめやす

☆かかりつけ医の指示を聞かれているのであればそれに従ってください。

☆けいれん予防の坐薬がなくなった、使い方を確認したい時なども、まずは受診してください。

３．咳

救急車を呼びましょう

□呼吸が浅く苦しそう、唇の色も紫色

□突然の咳で何か変なものを吸い込んだ、何か口に入れていた、アレルギーの心あたりがある

急いで病院へ

□声がかすれて聞こえない、声が出ない、泣き声がかすれている、声を出して泣けない

□犬が吠えるような、オットセイの鳴き声のような変な咳

□ゼーゼー・ヒューヒューいう

なるべく早く病院へ

□胸を痛がる

その日のうちに病院へ

□咳込みがひどくて眠れない、吐く

□咳と一緒に少し血が出た

□38度以上の熱がある、または微熱が続いている

23

□激しくはないが、いつもと違う変な咳をする

4．鼻水・鼻づまり

なるべく早く病院へ

□１歳未満の赤ちゃんで、鼻水が多く、咳はなくてもゼー
　ゼーいっている
□鼻水や鼻づまりで息苦しそう、辛そう
□赤ちゃんでミルクが飲めない、飲みづらそう、すぐ飲むの
　をやめる、吐いてしまう

その日のうちに病院へ

□機嫌が悪い
□寝苦しそう、眠れない

5．息苦しい（呼吸困難・喘息など）

「ゼーゼー・ヒューヒューいう」「呼吸が弱い、浅い」「呼吸
の回数が多い、少ない」など。

救急車を呼びましょう

□強いゼーゼー・ヒューヒューでとても息苦しそう
□顔色が悪く、唇の色も紫色
□何か変なものを吸い込んだ、何かを口に入れていた、アレ
　ルギーの心あたりがある

I 症状別 受診のめやす

□頭や顔を強く打った後
□呼吸が浅く、速い
□意識がもうろうとしている、呼んでも返事をしようとしない、反応が悪い

急いで病院へ
すぐに受診できないようであれば救急車を呼んでください。
□横になると息苦しくなるので、すぐ起き上がろうとする
□ゼーゼー・ヒューヒューがはっきり聞こえる
□肩で呼吸をしている、肩を大きく上下させながら呼吸をする
□おなかをペコペコへこませながら呼吸をしている
□鼻の穴をふくらませて息を吸っている
□心疾患、喘息や慢性気管支炎、他に呼吸器系の病気を言われたことがある

なるべく早く病院へ
□喘息の治療中で、吸入や飲み薬を使ってもよくならない
□元気がなく食欲もない、眠れない
□不機嫌
□水分がとれない、吐いてしまう

その日のうちに病院へ
□咳・痰や鼻水が多く、ゼロゼロ・ゼーゼーいっている
☆1歳未満の赤ちゃんは、なるべく早く病院へ。

25

□軽いゼーゼー・ヒューヒューがあるが、元気で食欲もある
　し眠れている
□38度以上の熱がある、または微熱が続いている

6．発疹・湿疹・蕁麻疹

「体や顔にブツブツがある、赤い、腫れている」「かゆそう」
など。

救急車を呼びましょう
□息がしにくい
□急に咳が出始め激しく咳込む、声がかすれる
□ゼーゼー・ヒューヒューいい出した
□顔色が悪い、唇の色が紫色
□つばが飲み込みにくい、飲み込めない、よだれをたらして
　いる
□急に顔が腫れてきた、眼が開けられないほど腫れてきた、
　口の中も腫れてきて息苦しそう
□ぐったりしている、意識がもうろうとしている
□おしっこやうんちをもらす、もらしている（失禁）

急いで病院へ
□顔が腫れてきたが息苦しそうではない、咳も出ていない、
　ゼーゼーいっていない
□急に発疹が広がってきた

I　症状別　受診のめやす

□吐いた
□おなかを痛がる、下痢をした
□以前にもひどいアレルギー症状が出た

　なるべく早く病院へ
□全身に盛り上がった発疹、蕁麻疹がみられる
□機嫌が悪く、ひどくかゆがる

　その日のうちに病院へ
□初めての薬を飲んだら発疹が出た
☆その薬は中断して、処方された病院を受診し、薬の変更な
　ど相談してください。
□全身ではないが、盛り上がった発疹がみられる
□かゆくて眠れない
□初めての食材や動物などとの接触で湿疹がひどくなった、
　口の周りに赤いプツプツが出ている
□他に熱やのどの痛み、咳、鼻水など風邪症状もみられる
□口の中の発疹（口内炎）がひどくて食べない
□眼や唇が赤い（アレルギーとは異なる病気が考えられるこ
　ともあります）

　様子を見て、ひどくならないのであれば明日病院へ
□小さな水ぶくれがポツポツと頭から全身にまばらにみられ
　る、日ごとに増えている
☆水痘（水ぼうそう）の可能性があるため、周りの予防接種

27

が済んでいない赤ちゃんやかかったことがない方、抗がん
剤治療中の方とは接触しないように気を付けてください。

□かゆくてかき壊した痕から膿や汁が出ている

□手足、膝や肘、お尻や口の中に発疹（口内炎）がある

□麻疹、風疹、水痘が周りで流行っている

☆病院には行く前に連絡を入れてください。隔離など感染拡
大防止の対策をとられると思います。

□草むらに入って遊んだ（虫刺され？　かぶれた？）

□頬がりんごのように赤くなっている

□汗ばむところの湿疹がひどい（首の後ろ、オムツのゴムま
わりや股、肘や膝のうらなど）

□発熱で受診した時、医師に「突発（突発性発疹）の可能
性」と言われ、解熱後に全身に赤い発疹が出てきた

7. 腹　痛

救急車を呼びましょう

□便意とは違って、急な動けないほどの強い腹痛が続いてい
る

□顔色が悪く、冷や汗もみられる

□ケガや事故の後、おなかを強く打った後

□血を吐いた、黒色や緑色のもの（胆汁）を吐いた、吐いた
ものが便のようなにおい

I　症状別　受診のめやす

急いで病院へ

□おなかが固くカンカンに張っている

□便にたくさんの血が混じる、便の色が黒い

□片方の股の付け根のところや陰嚢（おちんちんの袋のところ）などが膨らんでいる

☆激しく痛がる時には、救急車を呼んでください。

□激しく泣いたり、ぐったりしたりを繰り返す

□熱が高い

□喉がすごく渇く、おしっこがやたらに多い（多尿）

なるべく早く病院へ

□おなかを触ろうとすると嫌がったり、痛がったりする

□嘔吐・下痢を繰り返す

□様子をみていたが、痛みが徐々に強くなってきた

□痛みが数時間続いている

□足などに打った覚えもないのに打ち身のような出血斑がみられる

その日のうちに病院へ

□38度以上の熱がある

□おなかの痛みがましになることもあるが、やっぱり続いている

□おしっこが出にくい、おしっこをするときに痛がる

□おしっこに血が混じる

8. 便　秘

急いで病院へ
□吐くのを繰り返す
□おなかを痛がる
□激しく泣く
□おなかが固くカンカンに張っている

その日のうちに病院へ
□おなかが張っていて、授乳後に吐きやすい
□5日以上便が出ていない
□飲んだり食べたりした後におなかを痛がる、便意をもよおすようだが出ない、泣く
□食欲がない

9. いつもとちがう便（下痢・色がちがうなど）

「うんちに血が混じっている」「うんちの色が白い」「赤い、赤黒い」「いちごジャムみたい」など。
☆離乳食を食べている頃は、食べたものの色がそのまま便に出てくることがあります。にんじんやスイカやイチゴなど、心あたりはありませんか？

救急車を呼びましょう
□大量の血便

Ⅰ　症状別　受診のめやす

□強い腹痛もある
□血を吐いた

急いで病院へ
□ひどい腹痛が続く
□便にたくさんの血が混じる、便の色が黒い、ドロッとして
　生臭い、いちごジャムのように血が混じる
☆病院へ行くときに便の付いたオムツや写真を持って行き、
　診てもらいましょう。
☆貧血で、鉄剤を内服している場合は便が黒くなります。

なるべく早く病院へ
□おなかも痛がる
□38度以上の熱がある、熱が出てきた
□吐きそう、吐いた
□下痢がひどく、おしっこが半日以上出ない・少ない・お
　しっこの色が濃い
□脱水で泣いても涙が出ず、眼もくぼんでいる
□1日に何回も水っぽい下痢をする
☆赤ちゃんや小さい子の下痢は、1週間から10日以上と長
　く続くことが多いです。
　下痢をし始めてから受診がまだであったり、お尻が荒れて
　きてケアが追いつかないようでしたら一度かかりつけの小
　児科を受診してください。
　受診後に、上記のような脱水が疑われる場合は、かかりつ

けの小児科を再度受診してください。

その日のうちに病院へ

□白い色の便が続く

☆白眼の部分や肌の色が黄色である場合は、なるべく早く病
　院へ。

□機嫌が悪い

様子を見て、ひどくならないのであれば明日病院へ

□硬い便が出た後に血が出た、血が付いた、便の周りに血が
　付いていた（肛門が切れたかな……）

□粘液のような中に少し血が混じっていた

□いつもの便に、糸状または点々と血が混じった

☆生後間もない頃から４カ月頃には、糸状や点状に便に血が
　混じることがあります。

　ほとんどの場合、乳糖の影響によるもので腸の動きが活発
になったり、腸の中が酸性になるなどして粘膜が出血しや
すくなるためと言われています。出血量が増えず機嫌も良
く、しっかり普段通りによく飲めているのであれば様子を
みてください。しかし、アレルギーや感染性腸炎、腸重積
などの可能性がある場合もあるため、出血量が増える・よ
く見かける・続く、他に気になる様子や心当たりがあれば
受診してください。

I　症状別　受診のめやす

☆赤ちゃんの頃の便について

　便秘気味、回数が多い、離乳食で食べたものがそのまま、色がそのまま……などいろいろな時期があります。

　そのような便でも体重の増え方が順調で、吐くこともなく、よく飲みよく食べて機嫌が良いようでしたら基本的には問題ありません。様子を見て、他に気になる症状が見られたら病院へ行きましょう。

10. 吐き気・嘔吐

救急車を呼びましょう

□おなかを強く打った後

□頭や顔を強く打った後で繰り返し吐く

□急な強い頭痛と急な嘔吐

□大量の血便もみられた

□強いおなかの痛みもあって動けない状態が続く

□緑色で苦そうなにおいのもの（胆汁）を吐いた、吐いたものが便のようなにおい

□血を吐いた（赤い、赤黒い、コーヒー色で生臭い）

☆直接母乳を吸っている赤ちゃんで、お母さんの乳頭に傷があると、吸ったときに血が混じり茶色っぽいものを吐くことがあります。直接授乳ではなく、搾乳して哺乳瓶に移して飲ませましょう。

　傷がなかなか治らないようであれば、小児科か産婦人科で塗り薬を処方してもらいましょう。

33

☆鼻血を飲み込んだり、頻繁に吐いた後に血液が混ざること
　があります。その場合は、他の状態と合わせてなるべく早
　く受診しましょう。

急いで病院へ

□無表情でウトウトしている、ぐったりしている
□好きなものでもごまかせないほどの激しい頭痛がある
□赤ちゃんで授乳後に３〜４回噴水のように繰り返し吐く
□便に血が混じる
□おなかが固くカンカンに張っている

なるべく早く病院へ

□いつまでも水分がとれず、おしっこが半日以上出ない、少
　ない、おしっこの色が濃い
□脱水で泣いても涙が出ず、眼もくぼんでいる
□吐くものがなくなっても吐く、少しの水分をとらせようと
　しても繰り返し吐く
□38度以上の熱がある
□吐いていなくてもだんだん吐き気が強くなってきた

その日のうちに病院へ

□咳込んで吐く
□吐いてはいないが、気持ちが悪そう
□家族・保育園・幼稚園・学校など周りで同じような症状の
　人がいる

I　症状別　受診のめやす

□最近口にしたもので何か心あたりがある
　例えば、外食やお惣菜・生野菜・生肉や生魚・生卵・十分
　火が通っていなかった・作り置きや消費期限切れ・開封し
　て日が経っていたなど
□便秘

　様子を見て、ひどくならないのであれば明日病院へ
□吐き気がおさまり、少しずつ水分がとれるようになってき
　たが下痢が続く

☆赤ちゃんの嘔吐について
　赤ちゃんの胃は「とっくり」のような筒状で、胃の入り口
の筋肉が未熟なためにしっかりと閉まりません。
　そのため、少しの刺激でも胃の中のものが逆流しやすく、
ちょっとした姿勢の変化や抱っこやオムツの圧迫だけでも吐
きやすくなります。吐くのを少しでも防ぐには、授乳中や授
乳後に縦抱きにしたり、排気（ゲップ）をさせることです。
腹筋も発達していないため飲んだ分だけおなかが大きく膨ら
みます。授乳前に少しオムツを緩めてもいいですね。
　上記のような症状があったり、体重の増えが悪いようでし
たら受診しましょう。

35

11. おしっこが出ない・おしっこをするとき痛い・血尿など

「何回もおしっこをしたがる」「オムツに赤っぽい色がつく」など。

急いで病院へ
□おしっこの色が真っ赤
□陰嚢（おちんちんの袋のところ）が痛い、腫れている
☆激しく痛がるようでしたら救急車を呼んでください。
□痛みが強く、おしっこが出ない

なるべく早く病院へ
□下腹が痛い、張っている
□背中や腰、おなかも痛い
□顔や瞼がむくんでいる
□溶連菌に感染していた
□嘔吐や下痢がひどく、いつまでも十分な水分がとれず、おしっこの色が濃いまたは少ない
□おしっこをしたときに強い痛みがある
□陰部が赤く腫れていて痛みが強い

その日のうちに病院へ
□腎臓の病気を言われたことがある
□38度以上の熱がある

Ⅰ　症状別　受診のめやす

□おしっこをするときに痛い、残った感じ（残尿感）がする
□すぐに何回もおしっこに行きたがる
□血尿が出ている
□おしっこが出にくい
□性器から膿が出ている、汚い色のおりものが下着に付く
□おちんちんの先が赤い、膿んだように膨らんでいる

様子を見て、ひどくならないのであれば明日病院へ
□おしっこが濁っている

☆夏の暑い日で汗をたくさんかいたときや熱が高いときなど
　は、とっている水分が追いつかず、おしっこの量が減るこ
　とがあります。普段より多めに水分をとるように心がけて
　ください。
☆何回もおしっこへ行きたがるとき、また逆におしっこを我
　慢してしたがらないとき、病気が原因だけではなく精神的
　ストレスが原因であることもあります。小児科を受診し、
　尿検査をして結果が正常であれば精神的なものの可能性が
　高くなります。精神的なものである場合は、眠っていると
　きや夢中になって遊んでいるときは忘れていて症状は出ま
　せん。
　トイレトレーニングの時期、幼稚園や保育園で何かあっ
　た、行事前、ひどく叱られた、お母さんが妊娠中や下の子
　が生まれた……など心あたりはありませんか？　子どもは
　敏感です。無理強いしたり注意したり叱ったりしないで、

37

しばらく好きなようにさせてください。そして、安心させてあげてください。そのうち治ります。

☆赤ちゃんで、オムツにおしっこと一緒にピンク〜橙色が付いているのを見かけることがあるかと思います。これは血尿ではなく、おしっこに含まれる尿酸塩という成分の結晶であることがほとんどです。血尿であれば、時間が経つと黒っぽくなります。尿酸塩は健康な赤ちゃんによく見られるものです。赤ちゃんがいつも通り機嫌良く、おっぱいやミルクをよく飲むようであれば心配はありません。しかし、繰り返し色が付く、いつもと様子が違うようであれば、出来れば色の付いたオムツを持ってかかりつけの小児科を受診しましょう。

12. 頭 痛

救急車を呼びましょう

□けいれんしている
□呼んでも反応が悪い、もうろうとしている
□頭を打った後で繰り返し吐く
□手足の動きがおかしい、左右差がある、力が入らない

急いで病院へ

□すぐウトウトと寝入る
□強い頭痛で何も出来ない、手につかない、好きなものでもごまかせないほど激しく痛がる

I　症状別　受診のめやす

□何度か吐いた
□首が硬くて下を向けない、頭を振れない
□あやすと余計に泣く、不機嫌になる
☆髄膜炎だと、揺らすと頭痛が強くなります。

なるべく早く病院へ
□38度以上の熱と強い頭痛
□吐きそう、吐いた
□痛みで眠れない

☆子どもは発熱時によく頭痛を訴えます。受診して解熱剤を
　処方されたら鎮痛効果もあるため、それで頭痛がやわらぐ
　のであれば様子を見ることができます。
☆台風が来る前や雨が降り出す前などに頭痛を訴える子もい
　ます。緊急性はありませんが、あまり辛そうでしたらかか
　りつけの小児科で相談してください。
☆小学校高学年から中学生と大きくなってくると、大人のよ
　うに片頭痛などで頭痛を訴える子もいます。
　これについても緊急性はありませんが、あまり辛そうでし
　たらかかりつけの小児科もしくは頭痛外来を行っている脳
　神経外科を受診し、相談してください。

39

13. 胸痛・動悸

救急車を呼びましょう

□息苦しそう、息切れもする

□冷や汗をかいている、手足が冷たい、じっとりと湿っている

□顔色が悪い、唇の色が紫色

□胸が押される感じ（「誰かに踏まれるみたいに」など）が強く、呼吸も苦しそう

□ひどいめまいや立ちくらみ、失神（運動時の失神）

□吐きそう、または吐いて冷や汗もひどい

□ドキドキと動悸が続いている、脈がとぶ、脈が乱れている

□異常に脈がはやい

□症状が座ると楽になるが、仰向けに寝るとひどくなる

□ケガや事故の後、胸を強く打った後

□足や顔がむくんでいる、腫れている

□血の混じった痰を吐いた

□長時間同じ姿勢をしていた、ギプス固定をはずした直後

□心臓の病気や血液の病気を言われたことがある、心臓の手術をしたことがある、川崎病になったことがある

□家族に突然死、心筋症、高コレステロール血症、不整脈の方がいる

なるべく早く病院へ

□深呼吸や咳で胸が痛む

I 症状別 受診のめやす

□熱がある
□咳、または黄〜緑色の痰が出る
□ケガや強く打った心あたりがあり、体を動かすと痛くなる
□痛むところを押すとさらに痛がる、痛むところがはっきり
　している
□喘息、気胸、自己免疫疾患などを言われたことがある

14. 食欲がない

急いで病院へ
すぐに受診できないようであれば救急車を呼んでください。
□水分もとろうとしない、飲み込めない、つばも飲み込めず
　よだれをたらしている
□しゃべらない、声が出せない、かつ熱が高い

なるべく早く病院へ
□いつまでも十分に水分もとれず、おしっこの量や回数が少
　ない、色が濃い
□ぐったりしている
□何か変なものを口に入れた、飲み込んだ後
□口の中をケガしている、ただれている

その日のうちに病院へ
□発熱・吐き気・下痢・腹痛・頭痛・鼻水鼻づまり・のどの
　痛みなどがある

41

□口の中に口内炎ができている、赤ちゃんでいつもよりよだれが多い

□便秘が続いている、またはおなかが張っている

15. 泣き止まない

急いで病院へ

□15〜20分間隔で激しく泣く、または火が付いたように泣くのを繰り返す

□ぐったりしている、顔色が悪い

□おなかなどどこかを触ろうとすると嫌がる、さらに激しく泣く

なるべく早く病院へ

□転んだり、高いところから落ちたりした後

□腕や足を動かそうとしない

□飲んだり、食べたりしようとしない

□発疹や蕁麻疹が出ている

□体に腫れているところや打ち身の痕がある、皮膚色がちがうところがある

☆少し落ちついて観察してみましょう

　熱を測ってみる、おなかは空いていないか、裸にしてどこか腫れていないか、打った後はないか、蕁麻疹や発疹がでていないか、痛そうなところ、痒そうなところはないか、ベル

I 症状別 受診のめやす

トや衣類で絞めつけていないか、服装は暑すぎないか寒すぎないか、服の素材で不快な思いをしていないか、兄弟へのやきもち？　以前お留守番のときに預けられた人が来ている？お出かけや何かのイベント前で不安になっている？……などなど。

　体に異常がなく何も思い当たるところがなければ、赤ちゃんであれば声をかけながら抱っこをする・おっぱいをあげる・オムツを替える・首を支えて縦に抱き、背中を軽くトントンする・ママやパパのおなかや胸の上に腹ばいでのせる・おくるみでくるんでみる・少し外の空気に触れて気分転換するなど試してみましょう。

　少し大きな子でもやさしく抱っこしたり、添い寝をしてあげて落ち着かせてみましょう。一緒に外に出たり、部屋をかえたり、車に乗せてお出かけしたりすると気分が変わって泣き止むこともあります。

　大人がイライラしたり怖い顔をしていたり、強く揺さぶっても余計に泣くばかりです。

　泣き止ませようと赤ちゃんを強く揺さぶらないでください。頭の中の血管が切れて出血する危険があります。それが原因で障害を残したり、命を落とすこともあります。

　いつもの泣き声で元気に泣いていて、他に心配な様子がなければしばらく泣いてもかまいません。

　言葉がうまく話せない赤ちゃんや小さな子は、泣いて表現することしかできません。何か伝えたいことがあるときだけでなく、不安を感じたり寂しい空気を感じたりするだけでも

泣きます。赤ちゃんも月齢が進んできて脳の発達とともに周りの状況が感じられるようになったり、日中の刺激などで思い出したかのように急に泣くこともあります。

　何をやっても泣き止まず、大人の方が参ってしまい辛くなるようであれば、お子さんを安全な所に仰向けに寝かせるなど安全な状態にした上で、少しその場を離れて気分転換してみるのもよいでしょう。

　長い時間放っておくわけにはいかないので、しばらくしたらお子さんのところへ戻って様子をみてあげてください。

　明らかにいつもと違う泣き声で不安を感じるようでしたら、電話相談窓口か小児科に電話、または受診を考えましょう。

16. 熱中症

☆小さな子どもは体温調節機能がまだ十分に発達していないため、大人よりも熱中症になるリスクは高くなります。ま

Ⅰ　症状別　受診のめやす

た、身長が低く大人よりも地面に近く、照り返しで地表面の熱の影響を受けやすくなります。そのために予報の気温より高い熱を受けていて、大人が感じているよりずっと暑いところにいることになります。ベビーカーも同じです。小さい子どもはうまく訴えることができません。早めに気づいて対応してあげてください。

救急車を呼びましょう
□顔色が悪い、唇の色が紫色
□呼び掛けても返事がない、反応がない
□意識がもうろうとしている、ボーッとしている、反応が悪い、眠りこける
□変なことを言う、受け答えがおかしい、どこにいるのか・相手が誰なのか分からない
□言葉が出てこない、呂律が回っていない
□けいれんしている
□動けない、立ち上がれない、力が入らない、手足がもつれる、フラフラしている、まっすぐ歩けない、尻もちをつく
□ひどい頭痛や吐き気がある
□眼の見え方がおかしい
□風邪などひいているわけでもないのに、暑い中にいたせいで40度以上の熱がある

急いで病院へ　⇦応急処置をしながら
□汗をかけていない、皮膚が真っ赤になっている

45

□まったく水分がとれない

なるべく早く病院へ ⇦応急処置をしても回復がなければ
□頭が痛い
□気分が悪い、吐きそう、吐いた
□めまい・立ちくらみがする
□あくびを繰り返す
□筋肉がけいれんする、筋肉痛がある、全身がだるい
□こむら返りを起こす
□十分に水分がとれない

☆熱中症を疑った時の応急処置は……
○風通しの良い木陰や涼しい場所へ移動する
○衣服を緩め、首・脇の下・足の付け根などを保冷剤や氷水で冷やす
○衣服の上から水をかけて濡らしたり、体全体に濡らしたタオルなどをかけて、うちわなどで仰いで風を送る
○意識がしっかりしていて吐き気がなければ、塩分と水分（イオン飲料や塩気のものと水または母乳やミルク）をとらせましょう

☆予防が大切です！
○帽子をかぶり、風通しのよい涼しい服装
○炎天下での活動を避ける
○外出はなるべく少しでも涼しい午前中や夕方にする

Ⅰ　症状別　受診のめやす

○汗で失われた塩分と水分をこまめに補う

　水分は子ども用のイオン飲料や経口補水液、いつものお茶に一つまみの塩を加えるなど。

　スポーツ飲料は糖分が多いため、飲みすぎると下痢しやすくなります。少し薄めた方がよいでしょう。

○寝不足を含め体調が万全でないときは、無理な運動を避ける

○ベビーカーやチャイルドシートに冷却効果のあるマットを敷く・首に冷却効果のあるものを貼るまたは巻く

○車中に子どもを置き去りにしない

☆暑い日や、夏でなくても天気の良い日にお子さんを車中に置き去りにするのは絶対にやめてください。いくら窓を開けていてもわずか数分で車内の温度は上がり、息苦しくなるほどです。あれだけ注意喚起していても、毎年かわいそうな事故が起きています。

　ちょっと買い物……、上の子のお迎えでそのまま話し込んで……、車の荷物を片付けて落ち着くまで……、後ろに乗せているのを忘れて……、静かに眠っているのでそのまま……等、命にかかわるとても危険な行為です。

17. 低体温

「長い時間、寒いところにいた」「雨にずっと濡れていた」「体温が低い、体が冷たい」など。

> **急いで病院へ**

すぐ受診できないようであれば救急車を呼んでください。

□呼吸がおかしい、いつもと違う

□意識がもうろうとしている、はっきりしない、反応が悪い

□動けない

□顔色が悪い、唇の色が紫色

□筋肉がこわばっている、硬直している

□温めても体温が戻らない、体が冷たいまま

> **なるべく早く病院へ**

□とても寒いところに長い時間いた

□温めても震え続けている

□皮膚が冷たく乾いている

18. 頭のケガ

> **救急車を呼びましょう**

□けいれんしている

□繰り返し吐いた、顔色が悪い

□呼吸がいつもと違う、おかしい

□意識がしっかりしていない、ボーッとしていて反応が悪い、目がしっかり合わない、目つきや表情が変

□ぐったりしている、起こすと起きるが、またウトウトと眠る

□頭からの出血が多く、圧迫しても止まりそうにない

48

I　症状別　受診のめやす

□鼻血が止まらない、耳から血が出ている、または透明の液体が出ている
□耳の聞こえ方がおかしい・耳鳴り
□首を動かせない、痛がる
□手足の動きがおかしい、力が入らない、しびれている
□眼が見えにくい、二重に見える
□頭が異様にへこんでいる、陥没したようにへこんでいる

急いで病院へ（脳神経外科）

□ケガや打った時に意識を失った、または覚えていない、強く打った直後泣かなかった（短時間、意識を失った可能性）
□強い頭痛がある、続いている
□フラフラしている、めまいがする
□同じことを何度も言う、変なことを言う
□首の後ろを触ると痛がる
□たんこぶがだんだん大きく膨らんできた、腫れたところを触るとペコペコする
□かなり高いところから落ちた、野球ボールやゴルフボールなどが直撃した、自動車や自転車による事故などで衝撃が強かった

なるべく早く病院へ（脳神経外科）

□吐いたのは1回だけだが、いつまでも普段通りの元気がない

49

□おでこ以外にたんこぶができている

☆おでこのたんこぶは目立つため慌てがちですが、皮膚と骨の間に内出血したものです。衝撃の強さや他の症状と合わせて受診の必要性をお考え下さい。

□今は止血出来ているが頭からの出血があった、小さな傷でもパックリ開いている

□免疫系や血液系の病気、心疾患や川崎病でアスピリンを飲んでいる、免疫抑制剤やステロイドの薬を使っている、糖尿病・腎疾患・肺疾患など特別な病気にかかったことがある、またはかかっている

その日のうちに病院へ

□今は普段通りで元気だが、1回吐いた

☆打ったところに冷たいタオルや保冷剤を包んだ濡れタオルを当て、20分ほど冷やしてください。腫れや内出血が広がるのを軽くすることができます。嫌がるようでしたら無理にする必要はありません。

☆ケガをしてから特に3時間は静かに過ごしながら注意して様子を見てください。24時間経っても何も症状がなければ普段通りに過ごしながら様子を見ましょう。ケガをしてから48時間は、症状が出てこないか観察が必要です。入浴については、受傷したその日は温まりすぎないようにさっと済ませましょう。

ケガをして1カ月以上経ってから症状が出てくる場合もあ

50

ります。気になる症状がみられたら、かかりつけの小児科もしくは脳神経外科を受診しましょう。

☆生後７カ月以下の赤ちゃんは頭蓋骨形成が未熟で症状が現れにくいこともあります。症状についても確かめるのが難しいため、気になる症状がなくても念のため受診してください。

19. 鼻血・鼻のケガ

救急車を呼びましょう

□頭を打った後に鼻血が出てきた

□鼻をケガして、鼻がくぼんでいる、または曲がっている

□鼻をケガしてから頭がひどく痛い

□鼻をケガしてから、眼がひどく痛い、またはその周りが痛い、腫れている

□鼻をケガして息がしづらい、しゃべりにくい

□鼻をケガして吐き気がある、吐いた

□鼻をケガして、意識がもうろうとしている

□鼻をケガして、眼の見え方がおかしい（見えにくい、二重に見える、かすむ、見えないなど）

□鼻をケガしてから動きがおかしい、変なことを言っている、受け答えがおかしい

□鼻をケガしてから透明の鼻水が出続けている

□圧迫して止血しようとしてもサラサラとした鼻血が出続ける、またはドクンドクンと拍動するひどい鼻血

□鼻に長いものや尖ったものが入って、奥に刺さったまま
☆抜かずにそのままで救急車を呼んでください。

急いで病院へ（耳鼻科）
□鼻血が出て圧迫止血中だが、免疫系や血液系の病気、心疾
　患や川崎病でアスピリンを飲んでいる、免疫抑制剤やステ
　ロイドの薬を使っている、糖尿病・腎疾患・肺疾患など特
　別な病気にかかったことがある、またはかかっている
□鼻に長いものや尖ったものが入った、刺さった後
□圧迫しても30分以上出血が続く

なるべく早く病院へ
□鼻に何か入れた、入った、取れない
☆反対側の鼻を押さえて閉じて、入っている側の鼻から「フ
　ン」と息を吹き出させてみてください。何回か試してみ
　て、それでも取れないようであれば耳鼻科の受診になりま
　す。
□体に打ち身や内出血しているように色が変わっているとこ
　ろが数カ所見られる（小児科へ）

その日のうちに病院へ
□鼻血が出て止まりそうだがなかなか止まらない、また出て
　きた
□鼻をケガして腫れている、内出血している（形成外科へ）
□鼻が痛い

I　症状別　受診のめやす

様子を見て、ひどくならないのであれば明日病院へ

□鼻血が出ることが多い、繰り返す

□よく鼻を触っている

☆アレルギー性鼻炎のこともあるので、放っておかずに耳鼻
　科を受診しましょう。

☆鼻出血の応急処置

　座って顔を少し下に向けて、鼻の中にティッシュなど何も
詰めないで小鼻とそのすぐ上を広くしっかりつまんでくださ
い。10～20分はそのままつまんで圧迫してください。30分
かかることもあります。冷やしながら圧迫すると効果的で
す。喉に流れる鼻血は飲み込むと気持ち悪くなります。上を
向かないようにして、のどに流れてきた血液は出来るだけ吐
き出すようにしましょう。

20. 口のケガ

救急車を呼びましょう

□長いものや尖ったものを口に入れていて、またはくわえて
　いて奥まで刺さったまま

☆抜かずにそのままで救急車を呼んでください。

□転んだ、転落などで長いものが奥まで深く刺さった

□血があふれるように出てきて止まりそうにない

□顔が変形している

53

急いで病院へ（歯科・口腔外科または耳鼻科）

□奥までではないが、尖ったものが刺さったまま

☆無理に抜かないで刺さったまま受診してください。

□圧迫しても血が止まりそうにない

□ぱっくり深く切れている、傷が大きく開いている

□口が開かない、閉じない、顎が動かない

□長いものを口にくわえていて取れたが喉などに違和感がある、えづく、飲んだり食べたりしようとしない

☆子どもはよく転びます。歯ブラシ・箸・竹串・ペン類など持ったままウロウロしたり、歩きながら口に入れないように気を付けてください。口に入れているときは目を離さないようにしましょう。

なるべく早く病院へ

□ケガまたは打って歯が抜けた、歯が折れた、歯が大きく欠けた、歯が歯茎にめり込んでいる

☆永久歯が抜けたときは、なるべく早く歯を牛乳の中に入れて受診してください。

水道水で洗わない（水で洗うと根の部分が傷んで戻らなくなります）、歯を乾燥させないようにしてください。

歯茎からの出血はきれいな布（タオルやハンカチなど）を噛むか、押さえましょう。

牛乳がなく大きな子で理解がある子の場合は、飲み込まないように気を付けて口の中に保存したまま受診してください。早く処置すれば生着する可能性はあります。

Ⅰ　症状別　受診のめやす

□強い痛みが続く
□顎が外れた
□魚の骨が刺さったようで痛くて我慢できない、血が出た

　その日のうちに病院へ
□いったん止血できたが、また出血してきた
□口の中・唇・顎などが腫れてきた
□歯が痛い、歯がグラグラする、ひびが入っている
□歯茎の色が変わっている
□歯が変色した

☆上唇小帯が切れた場合
　上唇小帯とは、上唇の裏側と歯茎をつなぐひものような部分のことです。歯磨きや転んだ時に切れることがあります。かなり出血しますが、上唇を上から指で圧迫すると止血できます。小帯が切れただけで、すぐに止血出来たらそのまま様子をみてください。

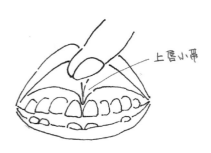

21. 耳の異常・耳のケガ

「耳が聞こえにくい」「耳垂れが出ている」「耳の中がくさい」「耳を気にしてさわる」など。

救急車を呼びましょう
□耳の中に長いものや尖ったものが入って、奥まで刺さったまま

☆抜かずにそのままで救急車を呼んでください。

なるべく早く病院へ（耳鼻科）
□耳の中に長いものや尖ったものが入った、刺さった後
□耳を痛がる、泣く
□耳の中から血が出ている
□耳だれが出ている
□機嫌が悪い、眠れない、食欲がない
□耳の周りや顔の片方が腫れている
□耳に何か入れた、入った、取れない
□めまいがする、フラフラしている

その日のうちに病院へ
□耳鳴りがする、聞こえにくい、詰まった感じがする

☆ケガによるものではなく、耳を痛がる場合は中耳炎のことが多いのですが、本人に処方された解熱鎮痛剤がお家にあ

ればそれを使って痛みを和らげてあげることは可能です。
もし、夜間や休日で病院が開いていない場合は薬で痛みを
コントロールし、翌日の朝に受診しましょう。鎮痛剤がな
ければ、救急外来を受診し鎮痛剤の処方だけでも相談し、
翌日耳鼻科専門の病院を受診しましょう。

☆その他に、普段から次のような様子がみられたら耳鼻科
か、かかりつけの小児科の先生に相談しましょう。
○大きな音に驚かない
○音に反応しない
○呼んだときに振り向かない
　大きくなってから……
○言葉がなかなか出ない
○面と向かって話すとスムーズに通じるが、後ろから声をか
　けると返事をしない
○普通に話をしているのに何度も聞き返す
○分かったふりをしたり、聞き返したりするのが目立つ
○何かを言われてもぼんやりしていて理解ができない
○テレビの音を大きくしたり、近づいたりして観ている

22. 眼の異常・眼のケガ

救急車を呼びましょう

□頭・顔・目元を打ったり、ケガをしてから急に眼が見えに
　くい、見え方がおかしい

□眼が開かない、眼の動きがおかしい
□ケガをして眼が飛び出ている、左右差がある

急いで病院へ（眼科）
□強い痛み
□化学薬品が眼に入った
☆すぐに流水で10分以上洗って、早く病院に連絡し診てもらってください。薬品を持って行くのを忘れずに。
　特にアルカリ性の液体の場合、すぐ診てもらえるところが見つからなければ救急車を呼びましょう。
□異物が入ったまま取り切れない、刺さっている
□眼やまぶたをケガした、打った
□眼の中を傷つけた、血が出ている

なるべく早く病院へ
□見え方に問題はないが目元が腫れている
□眼が痛い、涙が止まらない、涙目

その日のうちに病院へ
□眼に違和感がある、眼がゴロゴロする
□充血が続く
□眼を押すと痛い、または眼を動かすと痛い

様子を見て、ひどくならないのであれば明日病院へ
□眼が充血している

□眼がかゆい
□めやにが多い

23. 手足のケガ

> 救急車を呼びましょう

□切断した、指がちぎれた、ちぎれそう

☆指を切断したとき、救急車が来るまでに……
　傷口はきれいな布で押さえます。切断された指はビニール袋に入れ、可能であれば氷を入れた別のビニール袋か容器に入れます。直接、水に浸けないでください。早く処置すれば生着する可能性はあります。

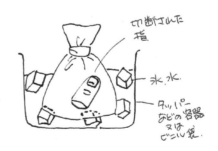

□変形している、向きが変わっている、向きがおかしい、曲がっている
□身動きができない
□手足がしびれる、力が入らない、感覚がわからない、感覚

が鈍い

□圧迫しても止まりそうにない大量の出血が続く

□急速に皮膚や爪の色（青色・白色・紫色）が悪くなってきた、冷たい

□顔色が悪い、冷や汗をかいている

□骨が見えている

急いで病院へ（外科・整形外科）

□長いものや尖ったものが刺さったまま

☆すぐ抜けそうにないものは無理に抜こうとせず、そのまま受診してください。

□傷口がえぐれている、パックリ開いている

□打ったりケガをしたところを動かそうとしない、動かせない

□痛みが強い

□足が痛くて体重がかけられない

なるべく早く病院へ

□動かせるが、普段通り動かせない

□関節が外れたようだ、脱臼しているようだ

☆手をつないでいて・手を引っ張って・寝返りして・転んだなどの拍子に腕の関節が抜ける子がいます。

　一度抜けたことがある子は繰り返します。これを「肘内障」と言いますが、小児科または整形外科の先生になるべく早く整復してもらいましょう。ケガや打撲がきっかけで

I 症状別 受診のめやす

あれば、骨折の可能性も考えて整形外科の受診がお勧めです。

□傷口をしっかり洗えない、汚れたものでケガをした

☆土やサビがついているものでケガをした場合、特に傷が深い場合は菌が入り込んでいることがあります。

　痛がりますが、流水でしっかり傷口を洗ってください。うまく洗えないようでしたら外科か皮膚科を受診しましょう。

□熱が出てきた

□免疫系や血液系の病気、心疾患や川崎病でアスピリンを飲んでいる、免疫抑制剤やステロイドの薬を使っている、糖尿病・腎疾患・肺疾患など特別な病気にかかったことがある、またはかかっている

　その日のうちに病院へ

□捻った、捻挫したようだ

□痛みが続く

□腫れている、赤くなっている、熱を持っている、膿が出る

□皮膚色が悪い、打ち身がひどい

☆傷口を流水で洗って下さい。出血している傷は縛ったりせず、きれいな布（タオルやハンカチなど）でしっかり押さえて圧迫します。

　傷口が心臓より高くなるようにしてください。手であれば上にあげてください。足であれば横になって、台やクッ

61

ションの上に足をのせてください。すぐには止まらないので20〜30分は圧迫し続けてください。その後、絆創膏などを貼ります。絆創膏は貼りっぱなしにせず、濡れたり汚れたりしたら貼り替えてください。

24. おなかや胸・背中のケガ

救急車を呼びましょう

□意識がもうろうとしている、反応が鈍い
□顔色が悪い、ぐったりしている
□冷や汗をかいている
□手足が冷たい、感覚が鈍い、ピリピリする
□息苦しい
□痛みが強くて動けない
□手足の動きが悪い、力が入らない
□吐き気、吐いた、血を吐いた
□肛門からの出血、便に血が混じっている
□おしっこが赤い、血尿、血が混じっている
□何かがおなかや胸に刺さったまま
□傷口からあふれるように出血し、止まりそうにない
□傷が深く、何か見えている（内臓？）

すぐ病院へ（外科）

□シートベルトの痕が残っている、ひどい打撲痕がある
□体を動かしたり、呼吸で胸に痛みがある

I 症状別 受診のめやす

□胸やおなかの痛みが強くなってきた
□免疫系や血液系の病気、心疾患や川崎病でアスピリンを飲んでいる、免疫抑制剤やステロイドの薬を使っている、糖尿病・腎疾患・肺疾患など特別な病気にかかったことがある、またはかかっている

なるべく早く病院へ
□熱が出てきた
□ひどくはないが痛みが続く
□気分が悪い、だるそう

25. やけど

救急車を呼びましょう
□背中全体・胸全体・おなか全体または顔や首全体、手・腕や足全体の広い範囲をやけどした
☆乳幼児の場合、全身の表面積の10%以上をやけどすると、脱水症状やショック症状で命にかかわると言われています。
□眼・耳・性器・肛門などの全体をやけどした
□息苦しい
□口の中をひどくやけどした
□火事などで煙を吸って、喉が痛い・声が枯れている・咳が出る
□意識がしっかりしない、ボーッとしている、ぐったりして

63

いる

□めまいがする、フラフラする

□感電して、ドキドキと動悸が続く

☆おもちゃの部品をコンセントに差し込んだり……大人がしているのをよく見ていて、真似してやってみたくなるようですね。カバーをつけるなど工夫しましょう。

□眼の見え方がおかしい、見えにくい

□皮膚が茶褐色または黒色になった

□やけどしたところが白くなっていて、痛くない

☆子どもの皮膚は大人に比べて薄いので深いやけどになりやすく、表皮から深く及ぶほど重症となります。皮膚が白っぽい革や黒い炭のようになることもあります。

急いで病院へ（外科）

□強酸性やアルカリ性による化学熱傷

☆すぐに大量の流水で薬品を洗い流してください。薬品がかかった衣類は、急いで脱いでください。
　かかった薬品を持って、受診してください。

なるべく早く病院へ（皮膚科・外科）

□片手のひらより広くやけどした

□強く痛む

□水ぶくれ（水疱）ができた、水ぶくれ（水疱）が破れた

☆水ぶくれはつぶさないようにして受診してください。つぶれると感染を起こすことがあります。

I　症状別　受診のめやす

□ひどく腫れている
□免疫系や血液系の病気、心疾患や川崎病でアスピリンを飲んでいる、免疫抑制剤やステロイドの薬を使っている、糖尿病・腎疾患・肺疾患など特別な病気にかかったことがある、またはかかっている

　その日のうちに病院へ
□赤くなっている、触ると熱を持っている
□膿が出ている

　様子を見て、ひどくならないのであれば明日病院へ
□水ぶくれ（水疱）はないが、赤くなっている
□痛みが続く

☆やけどした部位はすぐに流水で冷やしてください。
　保冷剤を濡れタオルなどに包んで冷やすこともできます。冷却シートなどを直接貼るようなことはしないでください。服の上からやけどした場合は、服の上から冷やしましょう。
　冷やす範囲が広い場合は、冷やしすぎると低体温になるので気を付けてください。冷やしても10分以内にとどめましょう。非常に広いやけどは冷やしながら救急車を呼んでください。
☆花火、バーベキューでのやけどはよくあります。「危ないよ、熱いよ」と教えていても、子どもは忘れてしまった

65

り、好奇心が勝ってそばに行ったり触ったり……口で注意するだけでは足りません。そばでしっかり見守ってください。

☆低温やけど

　使い捨てカイロや湯たんぽ、ホットカーペットなどに長時間触れてやけどすることもあります。水ぶくれができたり、最悪の場合は皮膚が壊死することもあります。

26. 虫に刺された・動物に咬まれた

　救急車を呼びましょう

□息苦しい、ゼーゼーいっている

□つばが飲み込みにくい、水分が喉を通らない

□顔、眼の周り、唇や口の中が腫れてきた

□胸が痛い、胸が圧迫される感じがある、胸がしめつけられる感じがある

□ドキドキと動悸が続く、冷や汗をかいている

□顔色が悪い、唇の色が紫色

□意識がもうろうとしている、反応が悪い

□筋肉痛や筋肉のけいれんがみられる

□大きく深い傷で、圧迫しても血が止まりそうにない

□皮膚を噛み切られた

□咬まれた・刺された以外のところの皮膚色が青白い・白い、冷たくなっている

□毒ヘビ（マムシ・ハブ・ヤマカガシ・海ヘビ）に咬まれ

I 症状別 受診のめやす

た、またはヘビの種類は分からないがぐったりしている

□蜂の集団に襲われた、多数箇所刺された

急いで病院へ（皮膚科・外科）

□すぐに症状は出ていないが、以前同じものに咬まれた・刺
　されたときにアレルギー症状が出た

□全身に蕁麻疹が出てきた

□野犬に咬まれた

□ゴケグモに咬まれた

☆クモを殺虫剤で殺し、瓶などに入れ病院に持って行きま
　しょう。

□マダニに咬まれた

☆無理に取ろうとせず、病院で取ってもらいましょう。

□吐きそう、吐いた

なるべく早く病院へ

□蕁麻疹が出てきた

□咬まれた・刺されたところ以外もかゆくなってきた、腫れ
　てきた、発疹が出てきた

□咬まれた・刺されたところが痛い、赤くなっている、腫れ
　ている、水ぶくれができた、しびれている

□おなかが痛くなってきた

□気分が悪い

□下痢をする

□咬んできた・刺してきたものの針やトゲ、生物そのものを

67

きれいに取り除くことができない

□四種混合ワクチンを接種していない

　　その日のうちに病院へ

□咬まれた・刺されたところが赤く腫れている、熱感がある

□熱が出てきた

□刺されたところを掻き壊し、治りが悪い

☆蜂に刺された場合は、針が残っていればピンセットなどで
　抜いて、蜂毒を絞り出すように流水でしっかり洗い流して
　ください。

　毛虫の毛が残っている場合は、ガムテープなどで毛を取り
　除いてから流水で洗ってください。

　その後、市販の虫刺されの薬や抗ヒスタミン剤、ステロイ
　ド軟こうなどを塗り、濡らしたタオルなどで冷やしてくだ
　さい。応急処置をしても症状が改善されない場合は受診し
　てください。

☆動物に咬まれると傷口から菌が入る場合もあるため、すぐ
　に流水と石けんでしっかり洗い、濡れタオルなどで冷やし
　てください。そしてなるべく早く受診してください。

☆赤ちゃんや小さい子は、蚊に刺されただけで大きく腫れ、
　硬いしこりのようになることがあります。

　かゆみを我慢できず強く掻くので、掻き壊して血が出た
　り、皮がむけてただれたりします。そこへ細菌が付いて
　「とびひ」になることがあります。症状がひどく、治りが

I　症状別　受診のめやす

悪ければ早めに小児科を受診しましょう。

蚊に刺されたらすぐに冷やして、市販薬でよいのでかゆみや炎症を抑える薬を塗りましょう。ステロイドの塗り薬が処方されることもあります。ステロイドは炎症とかゆみを抑えてくれるので、以前処方された手持ちがあればそれを使ってもよいでしょう。

27. 誤　飲

☆すぐに吐かせるものと、吐かせてはいけないものがあります。

☆防虫剤・石油製品（灯油・ガソリン・シンナー・ベンジンなど）を食べたり飲んだりした場合は、牛乳は飲ませないでください。毒性の体への吸収量が多くなってしまいます。

救急車を呼びましょう

□けいれんしている

□息苦しそう、普段通りの呼吸ができない、咳をして苦しそう

□顔色が悪い、唇の色が紫色

□ぐったりしている

□手を喉のところに持っていって、苦しそうにしている

□意識がもうろうとしている、反応が悪い

□激しく吐く

69

□冷や汗、変に汗をたくさんかく、手足が冷たい

□よだれが多い

□喉がひどく痛い

□口元や口の中がひどくただれている、ひどくヒリヒリする、痛い

□ドキドキと動悸が続く

□胸やおなかの痛みが強い、激しい

□血を吐いた

□体が異常に熱い、冷たい

□毒性があるものを飲んだ

□尖ったものを飲み込んだ（針・釘・ガラス・PTP など、またはそれらに相応するもの）

☆尖っていたかどうか分からなければ、口の中をよく見てください。血は出ていませんか？　傷はありませんか？

☆PTP とは、薬をプラスチックとアルミ箔で 1 錠ずつ包装したシートのことです。1 錠ずつ切り離されたシートごと飲み込んだ場合、角が鋭利なため喉や食道、胃粘膜を傷つけることがあります。小腸の壁に突き刺さると、壁に穴があくこともあります。レントゲンを撮りますが、写らないこともあります。胃カメラで取り出すか、開腹手術になります。

すぐ病院へ

（小児科・耳鼻科・消化器科などがあり、検査や処置が可能な病院へ）

Ⅰ　症状別　受診のめやす

□吐きそう、吐いた
□喉や胸が痛む
□呼吸はできているが、喉から異物が取れない・つばが飲み
　込みにくい
□立ちくらみ
□下痢をした
□飲み込んだものが何か分からない

なるべく早く病院へ
□おなかが痛い
□ボタン電池を飲み込んだ
☆ボタン電池は2時間で潰瘍を作り、組織にダメージを与え
　ます。組織を腐食させ、穿孔するまで5〜7時間と言われ
　ています。
□磁石を2個以上飲み込んだ、または以前にも飲み込んでま
　だ出てきていない
☆腸管の壁を挟んで磁石同士がくっつくと8時間で潰瘍を作
　ると言われています。1個だけ飲み込んだと思っていて
　も、実はくっついていたなどして複数個飲んでいる可能性
　が高いそうです。
□喉に違和感が残っている
□食べたがらない
□頭を痛がる
□機嫌が悪い
□熱が出てきた

☆無理に吐かせたり、水分を飲ませたりしないで病院へ向かった方がいいもの

ガラスの破片・画びょう・くぎ・針・硬貨・ボタン電池・たばこ・PTP・殺虫剤・防虫剤・ナフタリン・樟脳・乾燥剤（生石灰）・園芸用農薬・石油・灯油・マニキュア・除光液・シンナー・ベンジン・ヘアカラー剤・塗料・酸性やアルカリ性洗剤など。

これらは吐かせると食道粘膜を痛めたり、薬剤性の肺炎を起こすことがあり危険です。また、水分を含ませると発熱発火作用があったり、毒性の吸収を早めたりするものがあります。

☆少量の誤飲で、症状もなく普段通りであれば様子をみていいもの

口紅・乳液・クリーム・ファンデーション・紙・クレヨン・石けん・中性洗剤・シャンプー・リンス・蚊取り線香・シリカゲル・芳香剤・消臭剤・植物活力剤・ろうそく・ベビー用軟こうなど。

☆掃除や洗い物用にペットボトルに小分けして保存していた洗剤を飲んでしまった・漂白剤などに浸けて消毒中の器に入っているものを飲んでしまった、という事故は子どもに限らず大人でもよく起きています。

Ⅰ　症状別　受診のめやす

28. 薬の誤った内服

「薬をたくさん飲んでしまった」「家族の薬を飲んだ、食べた」「薬の使い方を間違った」など。
☆子どもは大人がすることをよく見ています。手が届くところに置いておくと真似をして食べてしまう事故がよくあります。

救急車を呼びましょう
□呼吸がおかしい、呼吸が浅い、またはゆっくり
□ヒューヒュー、ゼーゼーいっている
□顔色が悪い
□動悸が激しい
□冷や汗をかいている
□体が熱い、または冷たい
□フラフラしている、立ちくらみ、気を失いそう
□意識がおかしい、反応が悪い

急いで病院へ
□おなかの痛みが強い
□吐き気がある、または吐いた
□薬の内容が精神病の薬・睡眠薬・鎮痛剤・心臓の薬・血圧の薬・ピルなど

☆症状がなくても、誤って飲んだ薬の名前がわかるもの

73

（「お薬手帳」や薬のシートまたは薬そのもの）を持って受診してください。本来内服中の薬もあれば、それがわかるものも持って行くのを忘れずに。

誤って飲んだ薬が整腸剤などで、症状がみられなければお家で様子をみてもよいでしょう。

☆27、28に関して相談できる窓口

大阪中毒110番：072-727-2499（365日24時間）

つくば中毒110番：029-852-9999（365日9時〜21時）

29. たばこの誤飲

「たばこを食べた、飲み込んだ」「吸い殻が入った水を飲んだ」など。

☆口に残っているものはすぐにかき出し、残りはできるだけ吐き出させてください。

舌の奥に指を入れて、下に押し付けて吐かせてください。ケガをしないように気を付けて。

☆慌てて水や牛乳などの水分をとらせないでください。ニコチンの吸収を早めてしまいます。

☆30分から4時間以内に症状が出ると言われています。すぐに症状がなくても注意して様子を見てください。

救急車を呼びましょう 呼吸が止まることもあります

□顔色が悪い、唇の色が紫色

I　症状別　受診のめやす

□息苦しそう
□呼吸が早い
□冷や汗をかいている、たくさんの汗をかいている
□けいれんしている
□意識がおかしい
□よだれが多い
□めまい、フラフラしている
□吐き気がある、吐いた

急いで病院へ（処置ができる病院へ）

□頭を痛がる
□おなかを痛がる
□下痢をした
□2cm以上食べた、飲み込んだ
□吸い殻が入った水を飲んだ、水に浸かっていたたばこを食べた
☆水やジュースなどに浸かったたばこは毒性の吸収が早く危険です。
　ジュースやコーヒーなどの紙パックや缶を灰皿代わりにして置いていたものを、子どもが飲んでしまったという事故はよくあります。テーブルの上や車の中などに放置したままにしないように。

なるべく早く病院へ

□4時間経っても何も症状はないが、2cm以上食べたり、

75

吸い殻の水を飲んだりした

□ 2cm 未満少量ではあるが食べた、何か気になる

☆たばこの誤飲についてテープによる情報提供

たばこ専用電話：072-726-9922（365日24時間）

☆ご家族がたばこを吸われなくても、祖父母や友人のお家に遊びに行ったときや親せきの集まりの場などで事故が起きています。子どもは好奇心旺盛なので十分に気を付けてください。

よく見かける病気やトラブル

1. 感染症や他の病気など

☆同じ病名でも複数の原因ウイルスや型があるために何度でもかかったり、大人がうつったりすることもあります。

☆ウイルス性の病気のほとんどに特効薬はなく、熱を下げる薬や痰を切れやすくする薬、のどの痛みをやわらげる薬などが処方され対症療法となります。そして辛い症状を楽にし、体力を温存しながらウイルスと闘います。

☆外出時の上着はウイルスやほこり、花粉をお部屋に持ち込まないように玄関に入る前に一度払って、すぐ玄関で脱ぎましょう。玄関に入ってすぐに上着掛けがあるといいですね。

1）咽頭結膜熱（プール熱・アデノウイルス）

アデノウイルスが原因で、4～5日続く39～40度の高熱・のどの痛み・眼の充血・めやに・腹痛・下痢などが主な症状です。

のどを綿棒でこする、10分ほどで結果が出る迅速検査で診断されることもあります。

症状をやわらげるための薬が処方されます。眼の症状がひ

どいときには点眼薬も処方されます。

2）細気管支炎（RSウイルス）

　RSウイルスなどの風邪ウイルスが原因で、寒い季節によく見られる病気です。発熱・ひどい咳・鼻水・ゼーゼーといって息苦しそうな呼吸が主な症状です。

　鼻に綿棒を入れ、10分ほどで結果が出る迅速検査で診断されることもあります。

　1歳未満の赤ちゃん、特に生後6カ月未満の赤ちゃんや生まれつき心臓の病気がある子は重症になりやすく、大きな病院へ紹介され入院となる場合もあります。

　一度受診したが症状の悪化が見られたり、おっぱいやミルクの飲みが悪くなるようでしたら、再度早めに受診してください。そのまま紹介となる可能性も考えて、時間ギリギリではなく早めに受診しましょう。

　一度RSウイルスにかかった小さな子は、気管支が傷み敏感になっているせいか、風邪をひくたびにゼーゼーいいやすくなります。早めに受診し、お薬をスタートすると症状も軽くすむでしょう。

3）喘息性気管支炎

　風邪をひくたびに痰がうまくきれずにゼーゼーいったり、咳が長引く子がいます。熱はなく、そのほかは元気で機嫌良

II　よく見かける病気やトラブル

く遊ぶ子も多いです。

　咳がひどいせいで眠れなかったり、吐いてしまうようでしたら受診して薬を処方してもらいましょう。

4）クループ

　風邪をひいたときにのどの奥（声門）が腫れて、オットセイの声のような、犬が吠えるような変な咳が出ます。声や泣き声がかすれたり出なかったりもします。腫れがひどいと十分に息が吸えず、「ひーひー」と苦しそうにします。小さな子どもは大人に比べて、のどが小さくて柔らかく狭いため、炎症を起こすと空気の通り道を容易に狭めてしまい呼吸困難を引き起こします。

　薬を吸入してのどの腫れを引かせます。飲み薬の処方もあります。場合によっては酸素吸入や点滴をすることもありますし、入院となることもあります。外来で吸入して症状が改善しても一時的なため、帰宅後の再燃に注意が必要です。夜間に悪化することがあるため、咳がひどかったり息苦しそうであれば朝まで待たず、夜間救急の受診も必要です。

　入院とまではならなくても、お家で気を付けて対応が必要ですので「Ⅲ　よくある症状についてのホームケア」を参照してください。

79

5）溶連菌性咽頭炎（溶連菌感染症）

　溶連菌という細菌が原因で、発熱・のどの痛みなどが主な症状です。手足または全身に発疹が見られることもあります。

　診断はのどを綿棒でこする迅速検査でされることが多く、10分ほど待つと結果が出ます。

　抗生剤（抗菌薬）が処方されます。薬の種類によりますが1週間から10日ほど忘れずに飲むことになります。

　薬を飲み始めると1〜2日で熱が下がり症状が軽くなりますが、薬は必ず処方通りに最後まで飲みきってください。途中でやめてしまうと再発や、「溶連菌感染後急性糸球体腎炎」などの重大な合併症へと進展し、入院が必要となることがあります。

　抗生剤（抗菌薬）を飲み始めて24時間以上たつと、他の人へうつすことはありません。主治医の許可があれば、登園登校は可能です。

　薬を飲み終わって、おおよそ2〜4週間経ったころに「尿を取って持ってくるように」と言われるでしょう。

　尿検査をし、血尿などがないか調べます。尿検査のお話がなかったとしても、2週間後あたりまでの血尿・顔がむくむなどの症状に気を付けてください。気になることがあれば受診しましょう。

　また、一度かかった子は再び発症することがあるので「のどが痛い、熱が出てきた」などの時は受診し、「溶連菌にか

Ⅱ　よく見かける病気やトラブル

かったことがある」と伝えてください。

☆溶連菌感染後急性糸球体腎炎について

　溶連菌による扁桃腺炎にかかってから1～3週間後に腎炎を発症することがあります。

　血尿・尿量減少・浮腫（むくみ）・高血圧が主な症状です。急激な血圧の上昇によりけいれんを起こすこともあります。尿検査で蛋白尿、血尿がみられることでわかります。

　自然に治る腎炎のため、症状を軽くする治療（対症療法）が行われます。

　症状に応じてベッドでの安静・水分と塩分の食事制限・利尿薬や降圧薬の処方になります。重症であれば一時的に透析を行うこともあります。

6）リンゴ病（伝染性紅斑）

　頬がリンゴのように赤くなります。また、腕や太ももがレース状に赤くまだら模様になります。かゆがることもあります。熱いお風呂に長く入ったり日に当たるとさらに赤みやかゆみが増すので、シャワー程度でさっと済ませたり、直接日に当たらないように気を付けてあげてください。そして大人にもうつります。うつると微熱が出たり、腰や膝などが痛むことがあります。頬が赤くなって診断がつく頃には、すでにもう他の人にうつす時期は過ぎています。登園登校については主治医に確認してください。

81

7）手足口病

　手・足・口の中に小さな赤い発疹や水ぶくれができます。肘・膝・お尻にもできることがあります。熱が出ることもあり、小さな子は高熱のこともあります。口の中を痛がる子が多く、食べるのを嫌がったりよだれが多くなったりします。食事がとれて本人が元気であれば登園登校できるところもあるようです。ただ、発疹が目立つので、診断を受けて主治医と保育園などに確認してください。

8）ヘルパンギーナ

　夏によく見かける夏風邪の一種です。38〜40度の熱が2〜3日続きます。のどの奥に小さな水ぶくれがいくつかできます。痛みで食べるのも、水分をとることさえも嫌がることがあります。

9）ヘルペス性歯肉口内炎

　ヘルペスウイルスの感染で、口内炎ができます。38〜40度の高熱が4〜5日続き、口の中に小さな潰瘍ができます。歯ぐきは赤く腫れて出血します。口の中がとても痛いのでよだれも多くなり、食べたり飲んだりすることを嫌がります。口の中の痛みや腫れは1週間ほど続くため、脱水にならないよう注意が必要です。

Ⅱ　よく見かける病気やトラブル

　口の中の痛みをおさえる飲み薬や塗り薬が処方されます。抗ウイルス薬が処方されることもあります。

　よだれなどから人へうつるため、口内炎が完全に治るまでの1週間はお家で過ごしましょう。

10）ウイルス性胃腸炎

　ロタウイルスやノロウイルス・アデノウイルスなどのウイルスが原因で下痢や嘔吐を起こします。腹痛や熱が上がることもあります。発熱と嘔吐は1〜2日で治まることが多く、下痢は1週間から10日以上続きます。

　特にロタウイルスの下痢便は酸っぱい臭いと白っぽいクリーム色が特徴です。

　最近は、ロタワクチンを赤ちゃんの頃に接種している子が多いのでほとんどみかけなくなりました。ワクチンが広まるまでは、ほとんどの子が乳幼児期にかかり、症状がひどい子は入院していました。

　脱水にならないように適切な水分摂取を心がけ、便はどんどん出してウイルスを体から外へ出し、しだいに症状が治まっていくのを待つことになります。

11）細菌性腸炎

　カンピロバクターやサルモネラ・病原性大腸菌・腸炎ビブリオなどの細菌が原因で、腹痛・発熱・嘔吐・下痢がみられ

83

ます。血便が出ることもあります。ウイルス性に比べ、重症化することもあります。

　よく火が通っていない肉や魚介類・卵、調理者や調理器具から汚染されたお惣菜・ケーキ・サラダ、他にはタコ焼き・唐揚げ・ハンバーグなどでも発症することがあります。診察では食事で心あたりはないか聞かれます。それらしきものがあるとオムツの便を採ったり、肛門に綿棒を入れて便を採り、便培養検査に提出します。培養してから出る結果なので５日ほどかかります。それまで医師の判断で抗生剤（抗菌剤）が処方されるでしょう。

　治るころに結果が出る、という感じでしょうか……。

☆食中毒について

　高温多湿となり細菌の増殖が活発になる梅雨の季節や暑い夏、油断していたり生ものや普段と変わった食事をする機会の多い冬などに特に注意喚起されていますが、日頃から気を付けていただきたいと思います。

　食中毒の症状には発熱・腹痛・下痢・嘔吐・血便などがありますが、そういった症状が全部そろわないこともあり、軽くすむ方や重症化する方などさまざまです。特に小さな子どもや高齢者は重症化しやすく、最悪の場合死に至ることもあります。

　大半の方は、そういえば……「バーベキューをした」「露店で串焼き、たこ焼きを食べた」「焼き鳥、唐揚げ……」「焼肉……」「寿司、お刺身……」「生肉を食べた」「カレーライス

Ⅱ　よく見かける病気やトラブル

食べた」「近くに吐いていた人がいた」など心あたりがある
ようです。

　食中毒を起こす細菌は主に牛・豚・鶏・海産物などにい
て、新鮮と言われていても発病の恐れがあります。

　細菌は熱に弱いものが多いため、十分に加熱調理をすれば
食中毒になる可能性は低くなります。しかし、熱に強い細
菌・ウイルスや他の原因によって発病することもあるため、
加熱以外に気を付けることがあります。

　以下のことにも気を付けてください。

○買い物後はまっすぐ帰って、すぐ冷蔵庫へ保存。

○肉や魚は冷蔵室か電子レンジで解凍する。常温では菌が増
　えてしまいます。

○料理をする前には手洗いを念入りに。爪・指輪・絆創膏に
　は菌がたくさん付いています。

○調理中も生肉を触った後は石けんと流水でしっかりと手洗
　いをしてください。

○生肉を調理したまな板・包丁はそのつど洗って、次の食材
　を調理しましょう。洗剤で洗った後に熱湯消毒も効果的で
　す。布巾も交換しましょう。

○「生肉をつかむ箸」と「火を通した料理用の箸・食べる箸」
　は別にするように。生肉をつかんだ箸やトングで火が通っ
　た肉を取り分けないように、使い分けを徹底しましょう。

○調理中に使う菜箸は数本用意して使い分けるようにしま
　しょう。

○再加熱するときは、途中で混ぜながらまんべんなく加熱さ

85

れるようにしましょう。カレーや煮物、みそ汁など気を付けてください。

手や調理器具を介して、別の食材やせっかく調理した料理に細菌やウイルスがうつると、食中毒になってしまいます。完成した料理はいつまでも常温で放置せず、なるべく早くいただくか粗熱が取れたらすぐに冷蔵庫で保存しましょう。いつまでも放っておくと、食中毒や腐敗の原因になる菌が増えてしまいます。

12) 周期性嘔吐症（自家中毒・アセトン血性嘔吐症）

顔色を悪くし、嘔吐を繰り返しぐったりします。口元からの独特の臭いに気づかれるかと思います。おなかを痛がることもありますが、下痢がみられるわけではありません。

体はエネルギーを作るとき体内の糖を使うのですが、脂肪から作ってしまったときは脂肪の代謝が異常になります。エネルギーを作った後の脂肪の燃えカスがたまって（血液中にケトン体と呼ばれる物質が多くなる）吐き気が起こります。

疲労やストレス、天気や季節の変わり目などをきっかけに症状が出ることがあります。生活リズムを整え、遊びや運動を通して体力をつけ、自信を持たせてあげ、精神的な不安を感じさせないようにしましょう。2〜6歳のやせ型の子によくみられるますが、成長とともに改善されていきます。

嘔吐が落ち着いたら糖分と水分を少しずつとり、長時間の飢餓状態を避けるようにしましょう。いつまでも吐きつづ

けて、水分もとれずにぐったりしてくるようであれば受診してください。

13) インフルエンザ

　予防接種をしていると軽い症状ですむこともありますが、普通の風邪と比べてひどくつらそうにします。

　３〜５日続く高熱（微熱のこともあります）・寒気・関節痛・筋肉痛・頭痛・食欲がなくなる・腹痛・下痢嘔吐・くしゃみ鼻水・のどの痛み・咳などが主な症状です。つらくて起き上がれず、フラフラします。熱についてはいったん下がっても再び上がることもあります。

　熱のせいか、インフルエンザウイルスのせいか判断がつかないけいれんを起こす子がいます。流行っている時期のけいれんについては「熱性けいれん」と判断せず、すぐ病院へ連絡し受診しましょう。

　インフルエンザかどうかは、迅速検査で10分ほど待つと結果が出ます。治療は早い方がよいのですが、熱が出始めてすぐだとウイルスが増えておらず結果が出ないこともあります。熱があっても比較的元気であれば、半日待ってから検査を受けてもよいでしょう。明らかに周囲で流行っている、本人がとてもつらそうであれば待たずに受診し、検査については主治医と相談してください。

　１歳未満の赤ちゃんでもインフルエンザの治療薬は処方されるので早めに受診しましょう。

治療をしても1週間以上咳や熱が続くようであれば、肺炎を起こしている可能性もあるため様子をみずに受診してください。

　異常行動についてですが、誰にでも起こり得るものです。目を離さずに、なるべくそばにいて様子をみてあげてください。

　登園登校については、「熱が下がって何日経ってから」と言われるので主治医に確認してください。

14) マイコプラズマ肺炎

　微熱程度が続くことも多く、「変な咳をするなあ」というのが印象です。

　なかなかすっきりと熱が下がらなかったり、咳が治らなかったときにレントゲン写真や迅速検査、血液検査から診断されます。

　抗生剤（抗菌剤）が処方され、お家で安静に過ごしながら定期的にかかりつけ医に通いながらの治療がほとんどです。2〜3週間は登園登校許可が出ないこともあります。

15) 百日咳

　赤ちゃんの頃から始める予防接種の四種混合ワクチンに含まれています。

　はじめは風邪の症状と似ているのですが、次第に咳がひど

II　よく見かける病気やトラブル

くなります。激しい咳が２～３週間続きます。

　抗生剤（抗菌薬）と咳止めが処方されます。赤ちゃんは咳による息苦しさや十分な授乳ができないことから入院となることがあります。予防接種をした子でも、大きくなってからうつることがあるようです。

　赤ちゃんにうつると大変なので、長引く激しい咳は受診してください。

16）EBウイルス感染症（伝染性単核球症）

　EBウイルスが原因で、幼児期の子に見かける病気です。

　数日から１週間続く高熱・のどの痛み・首のリンパが腫れるなどが主な症状で、全身の発疹や眼の周りがむくむこともあります。肝機能が悪くなったり、肝臓や脾臓が腫れることもあります。

　ウイルス性で特に治療薬はありません。症状をやわらげる薬が処方され、自然に治るのを待ちます。

　血液検査で肝機能が悪い場合は、入院となることもあります。

17）突発性発疹

　生後４～５カ月から１歳台の子によくみられるもので、突然の生まれて初めての高熱から始まります。熱は３～４日続き、咳や鼻水などはありません。熱が下がると体全体に赤い

発疹が出ます。発疹が出るころには治っているのですが、機嫌が悪くなります。

18) 水ぼうそう（水痘）

　水をもった発疹が、頭から体全体にまばらに見られ、日ごとに増えていきます。予防接種を1回でも打った子は、「湿疹？」と思われるくらい大変わかりにくく出ることもあります。かかっても軽く済んでいる、ということです。

　発疹は2〜3日でピークとなり、その後は乾いた黒いかさぶたのようになります。

　飲み薬と塗り薬が処方されます。診断されてから1週間経ち、新たな赤い発疹がなく、すべてが枯れてかさぶたのようになったら、再受診して登園登校許可を確認しましょう。

　許可がでるまでは、空気感染する病気なので完全隔離となります。病院へ行くまでに「水ぼうそう（水痘）」が疑われるのでしたら、必ず事前に病院へ連絡を入れてください。可能であれば別通路であったり、小部屋に案内されるでしょう。外出も控えてください。がん患者さん、抗がん剤や免疫系の治療をされている患者さんがうつると重症となることがあります。治療をされながら地域で社会生活をされている方もいらっしゃいます。

　水痘と診断された方と接触し、72時間以内に水痘ワクチンを接種すると予防できる可能性があります。その場合、自費ワクチンとなるため病院に常備しているとは限りません。

必ず事前に問い合わせるようにしてください。

　潜伏期間は2〜3週間です。それを過ぎても発症がなければうつっていないと判断してもよいでしょう。

19) 帯状疱疹

「水ぼうそう（水痘）」にかかったことのある方が、何年か後に再発したのがこの病気です。発疹が全身に広がるのではなく、背から胸にかけて集まってできます。顔や腰にできることもあります。1週間ほどでかさぶたになり、治ります。お子さんはそうでもないようですが、大人はとても痛がります。痛み止めも処方されます。

　他の人にうつるので、今まで「水ぼうそう（水痘）」にかかったことがない方がうつると、「水ぼうそう（水痘）」を発症します。登園登校については「水ぼうそう（水痘）」と同じように、診断されてから1週間経ち、発疹すべてが枯れてかさぶたのようになったら、再受診して確認しましょう。

20) はしか（麻疹）

　1歳頃に1回目の予防接種をするのですが、それまでの赤ちゃんや接種したことがない方はうつります。非常に感染力が強く、空気感染します。これも「水ぼうそう（水痘）」と同じで、許可がでるまでは完全隔離となります。病院へ行くまでに「はしか（麻疹）」が疑われるのでしたら、必ず事前

に病院へ連絡を入れてください。可能であれば別通路であったり、小部屋に案内されるでしょう。

症状の主な特徴は、はじめの2～3日は、熱・咳・鼻水・めやになどの風邪と似た症状です。わりと元気な子もいます。そして、いったん熱が下がり、再び高熱が出るときに全身に発疹が出ます。高熱が3～4日続きます。この時期は最初元気だった子もぐったりします。肺炎や脳炎を起こすことがあるので、気になることがあればすぐに再受診してください。

21) 風疹

体中に赤い小さな発疹が出ます。熱は出ない子から高熱が出る子とさまざまです。3日ほどで治ります。

熱が出なくて元気でも人にうつします。発疹が消えるまではお休みしてください。

風疹は「はしか（麻疹）」などと比べて、比較的軽い症状で済むのですが妊婦さんがうつると大変です。妊娠初期にうつると「先天性風疹症候群」と言って、生まれてくる赤ちゃんの目や耳や心臓に障害をきたすことがあります。

22) おたふくかぜ（流行性耳下腺炎・ムンプス）

発熱と、耳の下から顎にかけて腫れて痛がります。左右腫れることもあれば、片方だけのこともあります。

Ⅱ　よく見かける病気やトラブル

　よく嚙まないといけない食事は痛くてつらいようです。嚙まずに飲み込めるスープやゼリー、豆腐や粥などが良いでしょう。腫れは数日〜1週間ほどでひきます。腫れて痛がるところを冷やすと気持ち良いようです。嫌がらないのであれば、濡らした冷たいタオルや冷却シートなどを当ててあげましょう。

　おたふくかぜと診断された方と接触し、72時間以内におたふくワクチンを接種すると予防できる可能性があります。おたふくワクチンは自費ワクチンとなるため病院に常備しているとは限りません。必ず事前に問い合わせるようにしてください。潜伏期間は2〜3週間です。それを過ぎても発症がなければうつっていないと判断してもよいでしょう。

　風邪と同様に咳やくしゃみ、近くでのおしゃべりなどでうつる飛沫感染です。腫れがひくまでは他の人にうつります。腫れがひいたころに再受診し、登園登校許可を確認しましょう。

　髄膜炎や難聴を起こすことがあるため、頭痛が強く、吐くのを繰り返す・耳が聞こえにくいなどがみられたら早めに再受診してください。他には睾丸を痛がる場合も早めに受診してください。

23）反復性耳下腺炎

　耳の下が腫れて「おたふくかぜ」とよく似たものですが、他の人にうつる病気ではありません。

93

主な症状は、耳の下の片方だけの腫れ・熱は出ない・軽い痛みで2～3日で治まる・何度も繰り返すなどです。

「おたふくかぜ」は何度もかかるものではありません。一度確実に「おたふくかぜ」と診断をされたことのある方についてはこの病気を疑ってもよいですが、まだかかったことのない方や不確かな診断しか受けたことのない方は「おたふくかぜ」と区別がつかないため、念のためお休みし受診してください。過去に「おたふくかぜ」にかかっているかどうかは、血液検査でわかります。

24）リンパ節の腫れ

　首のまわり・わきの下・股の付け根・頭の後ろなどにひとつから数個グリグリッと触れることがあります。グリッと移動もするのですが、触っても押しても痛がりません。これはリンパ節で、傷や湿疹・できものなどがあると病原体や異物を防ごうとリンパが働き、腫れているのです。傷などが治ってくれば腫れも小さくなっていきます。

　2週間以上たっても腫れがどんどん大きくなる・いろいろな場所に腫れがみられる・増えたなどであれば受診してください。

25）中耳炎（急性中耳炎・滲出性中耳炎）

　子どもの耳は、耳の中の耳管というところが大人と比べて

Ⅱ　よく見かける病気やトラブル

太く・短く・水平です。そのため、鼻水が出たり扁桃腺が腫れたりすると鼻の奥から耳管を通ってウイルスや細菌が中耳に入りやすく、「中耳炎」になりやすくなります。

「急性中耳炎」では、鼓膜の奥に細菌が入り炎症を起こして、耳が痛くなったりします。とても不機嫌になり、耳を気にしてしきりに手をやる姿がみられます。風邪が原因で起こることが多く、なかなか熱が下がらないときは中耳炎を疑った方がよいでしょう。中耳炎が悪化すると鼓膜が破れて耳垂れが出ます。ここまで進むと痛みはなくなりますが早い治療が必要です。

　鼓膜の奥にしみ出した液がたまりっぱなしになると「滲出性中耳炎」と言います。

　放っておくと難聴になることがあります。熱や痛みはありませんが、耳の中のつまった感じや聞こえが悪いなどで気づきます。

　小児科で出される抗生剤（抗菌薬）の内服で治っていくのですが、症状が強いときは耳鼻科の受診をお勧めします。内服だけではなく、点耳薬が処方されたり、鼓膜を切開して膿を出すなどの処置をされる場合もあります。処方された薬は途中で中断しないで、必ず指示を守って最後まで使い切ってください。再発したり、完全に治さずに放っておくと難聴になることがあります。プールについては、必ず主治医の許可を確認してください。

95

26）髄膜炎

　脳の表面を覆っている膜を「髄膜」と言います。この髄膜に何らかの病原体が感染して起こる病気です。

　症状は発熱・頭痛・嘔吐です。意識障害やけいれんがみられることもあります。必ずではありませんが、痛がって首を曲げて頭を動かすことが出来なくなります。他には、元気がない・ぼんやりしている・普段の受け答えができないくらい異様に興奮する、などもあります。急激に発症することもあれば、風邪症状から次第に症状が進むこともあります。

27）脳炎・脳症

　脳炎はウイルスや細菌などの病原体の感染が原因となることが多く、脳自体に炎症がみられます。

　脳症は感染としてはインフルエンザが最も多い原因となりますが、感染によるものだけでなく中毒や代謝異常など様々な原因があります。脳自体の炎症はありませんが、脳がむくんで脳炎と同じ症状を起こします。どちらも主な症状は発熱・けいれん・意識障害です。意味不明なことをしゃべったり、妙に怖がったり、突然走り出したりする異常行動や異常言動がみられたり、頭痛、嘔吐、呼吸困難などをきたすことがあります。赤ちゃんであれば、発熱やけいれん以外におっぱいやミルクの飲みが悪い・活気がないなどもめやすになります。後に重い後遺症が残ったり、致命的となることもあり

ます。

28) 尿路感染症（腎盂腎炎・膀胱炎）

　他に風邪症状などの感染症の疑いがなく、熱が出ている原因が不明の場合にまずはこの病気が疑われます。腎臓や膀胱などに大腸菌などの細菌が繁殖する感染症です。

　もともとの排尿機能の異常による子もいるのですが、排尿機能の未熟性もあって赤ちゃんに多い病気です。少し大きくなってくると、特に女の子ですが、トイレ後の拭き方が不適切なためになることもあります。前から後ろに拭くように教えてください。また、水分のとり方が少なく、おしっこの回数が少ない子にもみられます。

　尿検査をし、結果が陽性であれば抗生剤（抗菌薬）が処方されます。熱が下がっても、中断せず指示通りに内服を続けてください。再発したり重症化することがあります。赤ちゃんは普段通りの授乳でよいのですが、大きな子は水分を多めにとって、おしっこをどんどん出して細菌を洗い流しましょう。

29) ネフローゼ症候群

　腎臓の障害によって、蛋白尿・全身のむくみがみられます。最近、顔の腫れや目の周りのむくみが気になるな、と気づかれたら早めに小児科を受診してください。尿検査などを

97

行い診断されたら入院となり、ステロイドによる治療が行われます。

30) 蟯虫症

　蟯虫は長さ1cmほどの白い寄生虫で、夜眠っている間に肛門周辺に卵を産み付けます。肛門をかゆがります。

　かかりつけの小児科で蟯虫検査のフィルムをもらい、早朝のまだ眠っている間か、目覚めてすぐに肛門にフィルムをペタペタくっつけてください。それを提出し、陽性が出たら内服薬が処方されます。家族全員で内服することを勧められるでしょう。

31) しらみ

　保育園や学校などの集団生活でみかけます。髪の毛にしらみの白い卵がくっついているので発見されます。

　頭がかゆくなります。清潔不潔関係なくうつり、家族にもうつります。枕カバー・シーツ・帽子・タオル・ブラシやくしなどの共有や洗濯には気を付けてください。乾燥機を使うと殺虫できます。

　かかりつけの小児科を受診してください。診断されたら、専用のシャンプーについて説明されます。

II　よく見かける病気やトラブル

32）川崎病

　4歳以下の赤ちゃんから小さな子に多く、全身の血管に炎症を起こす病気です。

　高熱・目の充血・赤い唇・いちごのような舌・首のリンパの腫れ・赤い発疹・手足の腫れ・BCG接種の痕が赤くなるといった特徴的な症状がみられます。

　まずはかかりつけの小児科を受診し、疑われたら紹介され入院治療となります。命にかかわる病気ではありませんが、心臓に障害を残すことがあり、経過をみるために定期的に受診することになります。

33）アレルギー性紫斑病（血管性紫斑病・ヘノッホ−シェーンライン紫斑病・アナフィラクトイド紫斑病）

　細い血管がもろくなって出血しやすくなる病気です。打った覚えもないのに、足や腕のあちらこちらに打ち身のような内出血のような紫斑がみられます。おなかを痛がったり、血便・関節の痛み・腫れ・手足のむくみなどもあります。紫斑が出てから、血尿や蛋白尿が出て腎炎を起こす場合があります。

　安静に過ごしながら経過観察の上、主治医の許可がでるまではお休みすることになります。症状が強い場合は入院となることもあります。

34）肥厚性幽門狭窄症

　胃と十二指腸のあいだを幽門部といい、ここが狭くなっていて通りが悪くなる病気です。生後2〜3週間頃の赤ちゃんで、おなかをすかせて飲みたがるのに飲んだら噴水のように勢いよく吐く、体重の増えが悪いようであれば早めにかかりつけの小児科を受診してください。

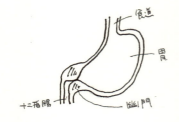

35）腸重積

　生後3カ月から2歳くらいまでの子どもに見られる、腸が腸の中に入り込んで腸が重なる病気です。腹痛・20分間隔で激しく泣くのとぐったりするのを繰り返す・嘔吐・血便などが症状となります。しかし、症状がそろうことはなかなかありません。理由も見当たらないのに顔色が悪く、間歇的に泣くのを繰り返すだけでも病院へ行くことを考えてください。入り込んでいる腸は締めつけられているため、時間が経つと壊死してしまいます。早く押し出して整復しなければなりません。

36) そけいヘルニア・嵌頓ヘルニア

　足の付け根のところ（股の付け根）を「そけい部」と言います。ここの片方だけにふくらみができたり、男の子の場合は陰嚢（おちんちんの袋）が片方だけ膨らんだりします。腸が外に出てきて膨らんでいるのです。

　自然に、または手で押さえるとおなかの中に戻るのですが、立ったり泣いたり、いきんだり運動後など腹圧がかかるとまた出てきます。外科を受診し、なるべく早く手術を受けることになります。

　ふくらんだところを手で押しても腸がおなかの中に戻らなくなったときを「嵌頓ヘルニア」「嵌頓した」と言います。

　こうなると吐いたり、痛がったりします。出てきている腸が出入り口で締めつけられて血行障害を起こすため、急いで手術をすることになります。こうなる前に早めに手術を受けましょう。片方がなると、しばらくして今度は反対側がなることがあります。一度なった子は手術後も気を付けて経過をみましょう。

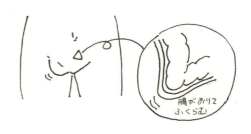

37) 斜視

　赤ちゃんの頃は、本当は斜視ではないのに、ふとしたとき に寄り目で斜視に見えることがあります。これは、まだ目と 目の間が盛り上がっていないため（鼻の根元が低い）でもあ ります。成長とともに目立たなくなります。いつもではない が、時々疲れた時や眠そうなときに片方だけ斜めを向いて視 線が合わないこともあります。

　眼球や瞼も気になる・いつまでも目立つ・よく転ぶ・物を うまく取れないなどは、まずはかかりつけの小児科か眼科に 相談してください。

38) 肘内障

　手を引っ張ったときなどに肘の関節が外れかかって、腕を だらりとして痛がって動かさないようになります。寝返りを したり、転んだ時になる子もいます。一度なると繰り返しま す。4歳を過ぎるころにはあまり起こさなくなります。かか りつけの小児科で整復は可能かと思いますが、診てもらえる かは念のため問い合わせましょう。転んだ・打ったなど衝撃 が強い後であれば、整形外科の受診をお勧めします。整形外 科についても、事前にお子さんの年齢を伝え、受診可能か確 認しましょう。

Ⅱ　よく見かける病気やトラブル

39）O脚・X脚

　O脚は、足をそろえて立った時に両膝がくっつかずに間が開いてしまいます。

　X脚は、膝を合わせて立った時に足首あたりが開いてしまいます。

　もともと赤ちゃんから2歳くらいまではO脚です。3歳頃からX脚のようになり、まっすぐになっていくのは6〜7歳頃です。成長するにつれて治っていくのがほとんどです。

　大きくなっても目立つ・片方だけ曲がっている・いつまでも転びやすいなど気になるようでしたら、かかりつけの小児科か整形外科を受診しましょう。

40）ろうと胸

　胸の骨や軟骨の発育のバランスがとれていないために、胸の真ん中がくぼんでいます。このくぼみは成長とともに目立たなくなることもあります。しかし、本人にとってはお友達に指摘されたりしてコンプレックス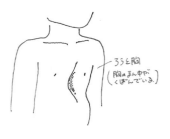を感じるようです。かかりつけの小児科に相談してみましょう。手術を考えられるのでしたら、実際の時期は先でも小学校入学前から相談されてもよいかと思います。

41) 成長痛

ケガや打ったわけでもないのに、膝や足が痛いと言うことがあります。育ち盛りの子どもは筋肉や骨・関節も未完成でやわらかくできています。骨の異常や成長とは関係ありません。活発で動きが激しく、疲れがたまることで痛むこともあります。

温めたり、湿布をしたり、お風呂でマッサージをしてみましょう。痛みがひどいようでしたら、かかりつけの小児科を受診してください。

42) 鉄欠乏性貧血 (貧血)

赤ちゃんはお母さんのおなかにいるときに鉄分をもらって蓄えて生まれてくるのですが、生後9〜10カ月になる頃には成長で使い少なくなってきます。そのため、後期の離乳食やミルクでは鉄分強化が言われます。鉄分不足による貧血が続くと、心身の成長発達に影響が出ることがあります。急な成長期でもある思春期にもよくみられます。特に女の子は生理が始まり、貧血になりやすくなります。

すぐ疲れたようにしたり、眼の下を引っ張ったときに結膜に赤みがなく白っぽいようであれば貧血を疑って、かかりつけ医に相談しましょう。貧血と診断されたら、鉄剤が処方されます。忘れずに飲みましょう。鉄分を多く含む食事も心がけるようにしましょう。鉄剤を飲み始めると、便が黒っぽく

なりますが問題ありません。

☆鉄分を多く含む食物

　レバー・赤身の肉や魚・卵黄・貝・レーズンなどのドライフルーツ・大豆・みそ・豆腐・ほうれん草など。

43）起立性調節障害（起立性低血圧）

　小学校高学年から高校生のころにみられます。思春期が始まる頃は、体の成長に自律神経の発達が追いつけず、バランスを壊しやすい時期になります。自律神経のバランスが乱れて、立ちくらみ・動悸・頭痛・腹痛・体がだるい・食欲がない・顔色が悪い・吐き気などを起こします。午前中は調子が悪く、夜になると元気が出るのも特徴です。

　自律神経は、立った時に血管を引きしめて血液が下半身に行き過ぎないように調節します。それが乱れるということは血液が下に行き過ぎ、脳貧血の状態になり生あくびや立ちくらみ・動悸・冷や汗が起こります。

　本人としてはどうすることもできません。一番辛い思いをしているのは本人で、ご家族と学校の先生方の理解も必要です。薬を使うこともありますが、まずは規則正しい生活を心がけ、夜更かしをしない・朝食を抜かないなどから始めましょう。成長とともにしだいによくなります。

44）糖尿病

　血液中にはブドウ糖という、体の大切なエネルギー源が含まれています。通常は、このブドウ糖はエネルギーとして使われるよう調節されるのですが、それがうまく働かず、血液中に溜まってしまい濃度が高くなってしまった状態を「血糖値が高い、高血糖」と言います。血液中に溜まってしまったブドウ糖は出ていく場所がなくなり、尿糖として尿に漏れ出てしまうようになります。これが「糖尿病」です。

　血糖値の調節には、インスリンという血糖値を下げるホルモンがあります。このインスリンは膵臓でつくられています。体の細胞はインスリンの働きによってブドウ糖を血液中から取り込み、エネルギー源とすることができます。

　糖尿病は、「１型糖尿病」と「２型糖尿病」と大きく２つに分類されます。

「１型糖尿病」は子どもに多く、乳児期からみられます。体を守るための免疫が、何らかのきっかけで自分自身の体を攻撃してしまい、膵臓の細胞を壊してしまいます。そのため、糖を吸収するのに必要なインスリンが出なくなり、血液中の糖が高くなります。これに対し、インスリンを外から補うのにインスリン注射を行います。

「２型糖尿病」は、一般的に知られているもので、思春期から増え、体質のほかに肥満や運動不足などによりインスリンの分泌が少なくなったり、分泌されても十分に効果が得られなくなったりすることが原因となります。まずは、食事・運

動療法を行います。必要があれば内服やインスリン療法なども行います。

　糖尿病はブドウ糖を利用できないため、エネルギー不足の状態から代謝異常に陥ったり、血液中の血糖値が高い状態が続くことにより様々な臓器の障害をきたします。自己管理や血糖コントロールがとても大切になってきます。きちんと治療を行っていれば、今まで通りの生活を送ることができます。

　疲れやすい・体重が減った・のどの渇きがひどい・吐き気・腹痛など気になる様子があれば、かかりつけの小児科で相談してください。

2. 皮膚の病気や肌トラブル

1）水いぼ（伝染性軟属腫）

　ブツブツの中にウイルスが含まれています。人にもうつるし、触った手で他のところを触ると広がります。つぶすと白いかたまりが出てきます。治療薬はありません。無理につまんで取ろうとすると、他へ広げてしまったり化膿したり、本人も痛い思いをします。しばらく痕が残ることもあります。うつると長期化しますが、いずれウイルスに対する抗体ができて自然に治ります。化膿してしまった場合は皮膚科あるいは小児科を受診しましょう。

　水いぼはプールの浮き輪やビート板を介して、または直接

肌が触れることでうつります。水でうつるものではありませんので化膿していなければ、いぼが隠れるようにラッシュガードなどを着てプールに入ることができます。お家ではタオルを共有しないように気を付けましょう。

2）とびひ（伝染性膿痂疹）

　すり傷や虫刺され・あせも・湿疹などを掻いてしまうと、そこから化膿菌が入り水ぶくれなどができます。そしてこれをかゆがって掻き壊した手で他のところを掻くと、そこにまた水ぶくれなどが「とびひ」します。熱が出ることもあります。汗をかきやすい夏によくみられます。

　抗生剤（抗菌薬）の飲み薬や塗り薬が処方されます。中断せず、完全に治りきるまで指示通り薬は続けてください。

　爪は短く切り、手洗いは石けんでこまめにしましょう。プールは、とびひがすべて乾いて治るまでは入れません。

3）あせも

　皮膚上の汗が出る穴がふさがれて炎症が起こったものです。首回り・オムツや下着のゴムが当たるところ・胸・おなか・背中などによくみられます。だからと言って、あせもを嫌って夏場も常に冷房が効いているところでの生活では体温調節機能や汗腺が発達しません。熱中症には気を付けなければなりませんが、汗をかく経験も必要です。

Ⅱ　よく見かける病気やトラブル

☆日頃から気を付けること

○汗をかいたままにしない。

○裸でいると汗を吸うものがないので、かえってあせもになります。汗を吸ってくれる木綿やガーゼの肌着を着せて、汗をかいたらこまめに着替えるように。

○朝起きた時・お出かけから帰ったとき・お昼寝前・夜寝る前など普段の入浴以外にこまめにシャワーで汗を流すこともお勧めです。

○着替えやシャワーの後しばらくは、冷やしすぎない程度に冷房や扇風機を使って涼しく過ごすように。

○お昼寝や夜間の就寝時にアイスノンを当ててあげるのもいいですね。

　よく見かけるのは夏の旅行中の悪化です。

　たくさん汗をかく上にシャワーや着替え・オムツ替えが思うように出来ないまま過ごしてしまいがちです。車での移動も長時間で、その間チャイルドシートに密着して風通しが悪い状態におかれます。背中にタオルやガーゼをはさんで汗を吸ったらそれだけを交換できるようにする、ひんやりするシートを当てるなど工夫してあげてください。たびたび休憩も入れ、チャイルドシートから解放してあげて風も通してあげましょう。

　湿疹で治療中の子はかかりつけ医に相談しながら、指示通りに保湿剤や塗り薬を続けましょう。

　スキンケアの基本は清潔と保湿です。

4）オムツかぶれ

　オムツでむれたり、汗やおしっこや便の成分が刺激になってかぶれたりします。便回数が多かったり、暑い季節やチャイルドシートでの長時間移動などでは特によくみられます。長い時間、湿ったままや汚れたままのオムツをそのままにせず、すぐに替えるようにしましょう。

　赤ちゃんの肌は弱く、赤くなり始めたら悪化するのは早いため日頃からのケアが大切です。かぶれていないときは市販のおしりふきで問題ないのですが、少しでも赤くなってくるようでしたら大判の脱脂綿にたっぷりのぬるま湯を浸し、やさしく刺激が少ないように拭き、汚れを取ってあげましょう。そして残った水分をきれいなガーゼやタオルなどでポンポンと軽く押さえるように拭いて、肌が乾いた状態で新しいオムツをあててあげてください。

　かぶれがひどいときや悪化しそうなときは、シャワーボトルや洗面器で汚れを流した後に石けんの泡で洗ってあげます。その後、石けんが残らないようにぬるま湯で洗い流し、水分をとって乾かし、保湿剤を塗って肌を守ってあげるようにしましょう。お家でのケアで、悪化せずきれいになっていきます。どうしてもケアが追いつかず、悪化するようでしたら小児科を受診してください。塗り薬が処方されます。ケアと塗り薬で早く治してあげましょう。

　赤ちゃんもお尻が痒かったり痛かったりで辛いし、機嫌も悪くなります。

II　よく見かける病気やトラブル

ケアの基本は、清潔・乾燥・保湿です。

5）カンジダ皮膚炎

よくみかける「オムツかぶれ」とは違うもので、カンジダというカビで起こる皮膚炎があります。

ケアをしていても、オムツかぶれの薬を塗っていてもなかなか治らないときは、小児科を受診してください。

カンジダに効く専用の薬が処方されます。自己判断で絶対に以前処方されたからといって、ステロイドは塗らないでくださいね。悪化させてしまいます。

3．けいれん・ひきつけ

小さな子どもは病気以外にも脳の未熟性からけいれんを起こしやすい時期にあります。

原因は発熱・低酸素・不整脈・てんかん・脳炎・脳症・頭部外傷・低血糖・脳腫瘍・中毒・脱水など様々です。

1）熱性けいれん

熱が急に上がるときに起こします。体温が急に上がると脳が刺激され、一時的にコントロールできなくなってしまった状態です。全身や両手両足に力が入って硬く突っ張ったりガクガクし、呼吸もできません。顔色や唇の色が悪くなり、呼

111

びかけても応えず、目は上を向き動きも定まらない状態になります。一度起こした子は、熱が上がるときにまた起こすことがあります。

初めてのけいれんの場合は、何によるけいれんか診断はついていないため、すぐに受診してください。

過去にけいれんを起こしたことがあり、「熱性けいれん」と診断がついている場合は、けいれんが止まってから落ち着いてかかりつけの小児科に連絡しましょう。

5〜10分以上けいれんが続いている・いつまでも意識がもうろうとしている・しばらくしてまたけいれんを繰り返す・いつもと様子が違う場合は救急車を呼んでください。

1回目の熱性けいれんのときには、予防薬は処方されません。

2回目を起こした場合は、予防薬を使うかどうかについてかかりつけの小児科の先生からお話があるでしょう。予防薬を処方された場合、使い方についてはかかりつけ医の説明をよく確認してください。

どのタイミングで使うのか・何回使っていいのか・いつまで使うのか・使用した際の注意点など説明されます。

☆けいれん予防の坐薬について

熱性けいれんをまた起こす可能性のある子に処方されます。けいれんした時間が長く続いた、または繰り返す場合に使います。

II　よく見かける病気やトラブル

37.5〜38度を超す熱が出始めたとき速やかに使います。

　8時間後にも38度以上の発熱がある場合には、もう一度使います。

　解熱剤の坐薬も使いたいときは、先にけいれん予防の坐薬を入れます。そして30分以上時間をあけてから解熱剤の坐薬を入れます。熱を下げることよりもけいれんの予防の方を優先させる、と考えるといいですね。

　飲み薬タイプの解熱剤の場合は時間をあけずに使えます。

　使った後は薬の効果で眠くなったりふらつくことがありますので、転んで頭をぶつけたりしないよう見守ってあげましょう。

　体重に合わせた大きさの坐薬が処方されているので、必ず本人に処方されたものを使ってください。処方された時から体重が増えているようであれば、かかりつけ医に確認してください。

　処方されたら予防で使う期間は、最後のけいれんを起こしてから1〜2年間、もしくは4〜5歳までです。

2）泣き入りひきつけ（憤怒けいれん）

　びっくりした時や怒って激しく泣きだしたときに、呼吸ができなくなり急に息を止めて、白目をむき、手足を硬直させて体を後ろにそらせます。手足を突っ張ってけいれんします。息を止めているので顔色が赤黒く、唇の色も悪くなります。1〜数分以内には呼吸が戻り、顔色もよくなります。

113

抱っこして気持ちを落ち着かせてあげてください。

　小さい子の脳は未発達で呼吸の調節機能も十分発達していないため、怒りやかんしゃくのために一時的に処理しきれなくなるようです。脳の病気ではありません。5歳くらいまでには起こすこともなくなるでしょう。

　発作のたびに受診する必要はありませんが、ひきつけたときに強く頭を打ったり、どこかをケガしたようでしたら受診してください。

3）てんかん

　熱性けいれんのような全身型の発作ではなく、片手だけや顔面だけの発作もあります。おかしなピクつきがしばらくの間続きます。脳の細胞の過剰興奮がもとにあり、発作を繰り返すのが特徴です。脳のどこが興奮するか、どのように興奮が伝わるかによって症状の出方が様々です。

　診断されたら発作の症状を確認しながら薬を決めていったり、日常生活上の注意点などの説明を受けます。

　発作の種類に応じて処方された薬を規則正しく飲むことで発作を防ぐことができ、普通の日常生活を送ることができます。治療の基本は、処方された薬を指示通りに飲み続けることです。医師の指示がある限り、一日も欠かしてはいけません。自己判断でやめてしまうと発作が起こってしまいます。

　症状にあった薬の種類や量が決まるまでには、眠くなったり発疹が出たりすることもあるようです。薬が合わないよう

なときは主治医に相談してください。

　長期になりますが定期的に受診して検査を受け、経過をみることになります。

　お家では内服と日常生活の注意事項を守りながら、規則正しい睡眠と食事・排便に気を付けて過ごしていただければよいのですが、特別な行事などへの参加については主治医に相談してください。

4. アレルギー

　赤ちゃんの頃から湿疹がひどかった、家族にアレルギー歴があるなどの子は要注意です。

1）気管支喘息（喘息）

　喘息とは気道（空気を吸い込んで肺に届くまでの通り道）の慢性炎症であり、ちょっとしたきっかけで狭くなり、発作を繰り返す状態です。空気の通り道が狭くなるので、酸素不足となり息苦しくなります。狭くなったところを空気が通るためにヒューヒュー・ゼーゼーという雑音が聞こえます。狭くなる程度が強くなると息苦しさも増し、最悪の場合は窒息状態になります。

　運動や、冷たい空気を吸い込む、梅雨の季節や台風が近づいて気圧が下がるなどの刺激に過敏なため発作を起こします。他には、たばこや線香・花火などの煙、ダニやホコリ・

カビ、風邪をひいたなどが原因で発作を起こしたり、症状が
ひどくなることもあります。症状が軽いうちに早めに気づい
てあげ、治療を始めれば早く楽になります。

☆発作の程度について
○小発作
　軽くゼーゼー・ヒューヒュー聞こえるが元気で食欲もあ
る。
　早めに受診するように。または医師の指示があって、自宅
に薬があり吸入や内服で治まれば様子をみることができま
す。軽くても発作を繰り返すようであれば受診してくださ
い。
○中発作
　ゼーゼー・ヒューヒューがはっきり聞こえる。あまり元気
がなく食欲もない。不機嫌で眠れない。
　すぐに受診するように。または医師の指示があって、自宅
に薬があれば吸入や内服を。よくならなければ急いで受診が
必要です。よくなれば落ち着いてから受診してください。
○大発作
　強いゼーゼー・ヒューヒューでとても苦しそう。肩で息を
しており、おなかや胸が呼吸のたびにペコペコする。顔色が
悪い。横になると息苦しくなるため、すぐに起き上がろうと
する。
　すぐに受診が必要です。すぐに受診できなければ救急車を
呼ぶことも考えてください。または医師の指示があって、自

II　よく見かける病気やトラブル

宅に薬があれば吸入や内服をしてすぐ受診するように。

☆喘息の治療

　炎症を鎮め、発作を繰り返さないようにすることが大切です。

　発作を起こしたときは、呼吸がしやすくなるように気管支を拡げる薬を使いますが、普段は予防薬を使って気道の炎症を抑えます。使い続けていると「風邪をひいても咳が長引かなくなった」「朝や夜間に咳をすることがなくなった」「走っても咳込まなくなった」などの効果がみられるようになります。

　発作が起きなくなったから、と自己判断で薬を中断したり忘れないようにしてください。発作のない状態をしっかり続けて気道の炎症を抑えてから、主治医の判断で薬を減らしたり、中止していく指示を受けてください。

☆日常生活で気を付けること（アトピー性皮膚炎の子にも共通しています）

○掃除機をこまめにかける

○絨毯はダニが多かったりホコリがたまりやすいため敷かない（ぬいぐるみ・布製ソファ・クッションなどについても同様です）

○寝具（シーツ・布団カバー・枕カバーなど）はこまめに取り換える

○布団は布団乾燥機でダニを退治し、掃除機もかける

117

○布団は日に当てて干し、ホコリを叩いたり掃除機をかける

○羽毛布団や羽毛枕は使わない

○ソバガラやパンヤの枕は使わず、スポンジの枕にする

○暖房は、温風などで部屋のホコリが舞い上がらないものにする

○エアコンのフィルターをこまめに掃除する

○こまめに換気し、湿気がたまらないようにしカビ対策をする

○たばこの煙・線香・花火・ペンキ・シンナー・接着剤・防虫剤などは喉や鼻の刺激になるため遠ざけるように

○ペット（犬や猫の毛やフケ、鳥の羽根など）は飼わないようにするか、部屋に入れないようにする

　そして、運動をして体力づくりを心がけてください。運動で発作が誘発されるようでしたら予防薬について主治医に相談してください。運動して、呼吸筋を鍛えて肺機能を高めることも発作予防につながります。

2）アトピー性皮膚炎

　かゆみのある湿疹が数カ月以上、増悪と寛解を繰り返します。赤くガサガサし、全体的に乾燥しており、炎症が進むと浸出液もみられるようになります。かゆいので、子どももすぐポリポリと掻こうとしますし、イライラした感じで機嫌も悪くなります。目の周囲や顔、頭、肘や膝関節の内側や首に

始まり、手足から体全体に広がっていくこともあります。

　スキンケアが重要です。「Ⅲ-7　赤ちゃん、小さな子どものスキンケア」を参照してください。

　他、日常生活で気を付けることは喘息の子と共通しています。参照してください。

3）食物アレルギー

　食べ物が原因で、蕁麻疹やかゆみ・咳やゼーゼー・ヒューヒューといった呼吸症状や息苦しさ・瞼や唇など粘膜の腫れ・吐き気や嘔吐・腹痛や下痢などさまざまな症状が現れます。

　三大アレルゲンには卵白・乳製品・小麦があります。他には、大豆・ごま・そば・甲殻類・ピーナッツ・フルーツなどがあります。

　赤ちゃんの消化器官は未発達で未熟です。離乳食をすすめる際に月齢にあった食材を選んでいただければ過剰に制限する必要はありません。しかし、赤ちゃんの頃から湿疹がひどい子や家族にアレルギー歴がある場合は離乳食や、食材をさわった手で赤ちゃんに触れないように気を付けていただかないといけません。

　新しい食材やアレルギーが出やすいとされる食材を試すときは、必ず近くのかかりつけの小児科の診察時間中にしましょう。時間が経ってから症状が出る場合もあるため、その日の外来受付時間を確認しておくと安心です。

「以前、試したときは大丈夫だったのに……」でも、その日の体調や調理法でよく火が通っていなかったり、食べさせる量が多かったなどで症状がでることもあります。例えば卵の調理では、雑炊・おじやで卵が半熟、フレンチトーストでパンにしみ込んだ卵液に火が通っていなかった、茶わん蒸しでしっかり中まで加熱できていなかったなどで症状が出てしまったケースもよくあります。

　症状が出てしまったら、しばらくその食材についてはどうしていったらよいのか、アレルギー検査についてなどかかりつけの小児科に相談してください。成長とともに食べられるようになるものも増えてきますので、定期的に血液検査をして数値を確認しながら主治医の指示をもとにすすめていきましょう。

　誤食にはくれぐれも気を付けてください。お子さんにかかわるすべての方の協力が必要ですので、よくお話ししてください。預かっていたおばあちゃんがうっかり食べさせてしまって症状が出てしまった……というお話はよくあります。

　大きくなって小学生以上になると、原因食物（小麦・甲殻類・木の実など）を食べて4時間以内に運動をしたときに誘発され、アナフィラキシー症状を起こすことがあります。給食の後の休み時間、体育の時間に息苦しさを訴えたりします。また、果物を食べると口の中や喉の違和感を覚え、「ヒリヒリする・イガイガする・舌が腫れた」などを訴える子がいます。口中だけの症状で全身には現れませんが、これもアレルギー症状です。

Ⅱ　よく見かける病気やトラブル

☆アナフィラキシーとは

　全身にわたるアレルギー症状で、急激に発症し、ときには致死的なショック症状を起こします。

　突然の急激に悪化する全身から顔への蕁麻疹・強いかゆみ・眼の周囲、口中や口唇の腫れ・咳やゼーゼー・ヒューヒューが聞こえて息苦しい・腹痛・嘔吐などがみられたら救急車を呼んでください。

　迅速な対応が必要で、エピペン（自己注射薬）を処方されていたら迷うことなく使ってください。

　アナフィラキシーを起こす原因には、食物以外に蜂、医薬品、ラテックス（天然ゴム）などもあります。

４）蕁麻疹

　さまざまな原因で、蚊に刺されたときのように地図状に皮膚が盛り上がって広がり、かゆみを伴います。時間が経つごとに消えていきますが、再び目立ってきたということもあります。

　急速に眼や口元・顔全体が腫れてきた・ゼーゼーいう息苦しさがある場合は急いで救急車を呼ばなければなりませんが、体の蕁麻疹の皮膚症状だけであればかかりつけの小児科を受診してください。アレルギーの薬やかゆみ止めが処方されます。

　かゆみについては体を温めるとさらに増すので、濡れタオルを当てたり冷房で冷やすことで楽になります。入浴は温め

すぎないようにさっとすませるようにしましょう。

　原因としては、食物・薬・動物・虫・植物・化粧品、他には空気中の物質（ホコリ・花粉・化学物質など）・寒さや感染症などさまざまのものが考えられます。普段は大丈夫でも、体調が悪いと症状が出やすくなることもあります。血液検査で原因を特定することができます。しかし、小さな赤ちゃんの場合は結果の信用性が低く、結果が悪くても大丈夫であったり、結果はそれほど問題なかったのに症状が出たりすることがあります。赤ちゃんの場合は特に、初めてのことについては少しずつ慎重に様子を見ながら慣らしていくという姿勢が必要かと思います。かかりつけの小児科に相談してみてください。今後の生活面や食事・ケアについてのアドバイスがいただけるでしょう。

5）アレルギー性鼻炎

　春や秋など決まった季節やある特定のアレルゲンによって、くしゃみ・鼻水・鼻づまりがみられます。発熱はなく、透明の鼻水であることが多いです。粘膜が敏感になっているのに、さらに子どもは鼻を気にして触るので、中が傷つき鼻血も出やすくなります。

　耳鼻科もしくは小児科を早めに受診してください。アレルギーへの反応をおさえる抗アレルギーの点鼻薬や飲み薬が処方されます。処方されたら、忘れずに毎日続けるように。中断する時期については医師に確認してください。症状によっ

てはステロイドの点鼻薬が処方されます。使い方については
医師の説明をよく確認してください。

6）アレルギー性結膜炎

　鼻炎と同じくあるアレルゲンによって、眼のかゆみ・充
血・涙目・痛みなどがみられます。皮膚も敏感になっている
のに、子どもは眼をこするので眼の周りや瞼が赤くガサガサ
になったり腫れることがあります。

　眼についても早めに眼科もしくは小児科を受診してくださ
い。アレルギーへの反応をおさえる点眼薬が処方されます。
処方されたら、忘れずに毎日続けるように。中断する時期に
ついては医師に確認してください。症状によってはステロイ
ドの点眼薬や眼軟膏が処方されます。使い方については医師
の説明をよく確認してください。

☆「花粉症」について

　花粉が原因で、眼のかゆみ・眼が赤くなる・涙目・まぶた
の腫れ・水のような鼻水が止まらない・よくくしゃみをする
などの症状が見られます。

　小児科または耳鼻科で原因となる花粉（スギ・ヒノキ・ブ
タクサ・ヨモギなど）を調べてもらい、治療の相談をしま
しょう。

　花粉は、よく晴れた日（前日に雨が降ったとき）や風が強
く空気が乾燥しているとき、気温が高い日などによく飛びま

す。
　少しでも花粉を避けるには……、
○外出するときはメガネ・帽子・マスクをする
○外出後、家に入る前に服や髪の毛についている花粉を落とす
○うがいをする
○バランスの良い食事をする
○室内に花粉が入らないように窓を閉める
　などがあります。ご家族で協力して気を付けましょう。

5．おしりや泌尿器系の病気など

1）肛門周囲膿瘍

　肛門のそばが赤く膿んだように腫れ、触ると痛がります。
　抗生剤（抗菌薬）の飲み薬や塗り薬が処方されることもあります。あまりに大きく膿がたまっているようでしたら、切開して膿を出すこともあります。
清潔を保つことが難しい場所ですが、排便や着替えのたびにお尻を石けんで洗ってケアすることも大切です。

2) 肛門のスキンタグ

「痔？　いぼ痔？」と思われたり、「何かできている」と心配されるのですが、これは皮膚の盛り上がりで「スキンタグ」と言われるものです。肛門のしわの一部がひだ状に盛り上がります。普段から便が硬めの子にみかけられます。切れたり、さらに盛り上がったりするため、食事や水分などで排便コントロールしたり、かかりつけの小児科で便を柔らかくする薬など相談しましょう。

3) 陰嚢水腫

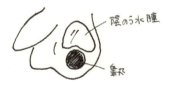

睾丸を包んでいる膜の中に水が溜まって、陰嚢が腫れます。おちんちんの袋が片方だけ不自然に膨らんだ状態です。半年ほどで自然に水が吸収されて治ります。

4) 停留精巣（停留睾丸）

精巣が陰嚢まで下りてきていない状態です。途中で止まっていることもあります。入浴時など温まっているときには、

下りてきているようであれば心配ありません。

　1歳過ぎても下りてこない場合は、かかりつけの小児科に相談しましょう。

5) 亀頭包皮炎

　包皮と亀頭が細菌感染で炎症を起こした状態で、おちんちんの先が赤く腫れて、膿も出ておしっこの時に痛がります。

　抗生剤（抗菌薬）の飲み薬と塗り薬が処方されます。お風呂では少し皮を引っ張り気味にして、石けんで洗うようにしましょう。

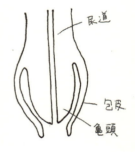

6) 恥垢

　おちんちんの包皮の下（中）に、黄白色のチーズのようなものが見られることがあります。これは垢がたまっている状態ですが、普段通りに清潔にしていただければ大丈夫です。

Ⅱ　よく見かける病気やトラブル

7）包茎

　子どものおちんちんの先は包皮でおおわれています。軽く包皮を引っ張ったときに亀頭がみえていれば問題ありません。見えなかったとしても、赤ちゃんの間は何もしなくても成長とともにたいていは亀頭が見えるようになってきます。小学校高学年になっても亀頭が全く見えないようであれば、かかりつけの小児科に相談してください。よく、お父さんが心配して一緒にお風呂に入ったときに、無理にむいて元に戻らなくなってしまうことがあります。亀頭が外に出たままになってしまい、赤く腫れあがったり、とても痛がります。こうなると治療が必要となるので早めに受診してください。

8）女の子のおりもの（外陰膣炎）

　外から膣に細菌が入って炎症を起こし、オムツやパンツに黄～薄緑色のおりものがつくことがあります。
　抗生剤（抗菌薬）の飲み薬や塗り薬が処方されます。石けんで一日に何度も洗い、清潔にしましょう。治ったら、普段から入浴時にきれいに洗うように気を付けることと、お尻を拭くときは前から後ろへ拭くように気を付けましょう。繰り返しみられる、なかなか治らない場合はかかりつけの小児科に相談しましょう。他の病気が隠れている場合もあります。

127

6. その他の気になる症状

1）過呼吸・過換気

　心因性のもので、幼稚園年長児から見られます。睡眠中は普段通りの穏やかな呼吸です。何らかの原因による不安感から少し大きな呼吸になり、それが「息苦しい」と感じ、強く意識することによってより症状が悪化します。顔や口の周りのしびれ、手足のしびれ、意識が遠のく感じ、手や足先のけいれんやひきつけを伴うこともあります。

　落ち着いてゆっくりと呼吸するよう声をかけ、安心できるよう接してあげてください。症状が強くて治まらない、繰り返すようであればかかりつけの小児科を受診してください。

2）心因性頻尿

　おしっこにすぐ行きたがる、でもおしっこはそんなに出ていない、痛がらない。かかりつけの小児科で尿検査をしてもらい、異常が見当たらなければ精神的な原因の可能性が考えられます。

　何か心あたりはありませんか？　例えば、トイレトレーニングをしている・幼稚園や保育園で何かあった、何か言われた・行事が近づいている・進級など環境が変わった・きつく叱ったなど。

　お子さんのストレスの原因に気づいてあげてください。そ

128

Ⅱ　よく見かける病気やトラブル

して、何度もトイレに行っていても声をかけないであげてください。指摘せず、そっと見守ってあげるだけで自然に治ります。

3）おねしょ・夜尿

　小学校高学年でも見られることはあります。ほとんどは成長とともに自然に治ります。過剰に不安に思い心配したり、あせったりしないようにしましょう。指摘したり、注意したり怒ったりしないでそっと見守ってあげてください。布団についてはすぐに外し、お手入れして安心させてあげてください。気にしていない素振りをしていても、本人が一番傷つき気にしています。自信をなくし、ストレスとなってしまうとさらに長引かせてしまうこともあります。

　おねしょをさせまいと、夜中に起こしてトイレに連れて行く方がいますが、お勧めしません。睡眠のリズムが乱れ、夜間の尿量を抑えるホルモンが増えず、膀胱に尿を溜める容量も発達できないことになります。かえってひどくなる原因になります。睡眠不足になることと、本人へのプレッシャー、起こすために起きないといけないお母さんも寝不足でイライラしてしまいます。

　お家で出来ることとして、寝る2時間前からは水分を極力とらないようにして、寝る前には必ずトイレに行く習慣をつけましょう。また、他の原因として考えられるのに「便秘」があります。便秘による腸の増大で膀胱容量を小さくしてし

129

まうようです。便秘がひどいようでしたら、便秘の改善についても対応してみてください。

　幼稚園や学校行事での宿泊の際には、お友達との関係もあるので緊急対応として担任の先生に夜間オムツを使っての就寝やトイレへ連れて行ってもらうよう依頼して、本人も安心して楽しく過ごせるよう配慮してあげましょう。

　なかなか治らずやはり気になるようでしたら、おねしょを専門的に治療されているところもあるので、まずはかかりつけの小児科に相談してみましょう。

４）チック

　本人の意志とは関係なく生じる突発的で素早い体の動きや発声のことで、繰り返し見られます。３〜10歳頃に多くみられ、まばたきをする・咳払い・頭を振る・顔をしかめる・「アッ」「キャー」といった声が出るなどいろいろあります。わざとやっているわけではありません。強く叱られた後や不安や緊張など精神的ストレスがきっかけで症状が強くなることもあるようです。一時的なものが多く、叱ったり注意したりしないようにしましょう。よけいに子どもが緊張したり意識しすぎて、ストレスが高まり治りにくくなります。指摘しないようにしましょう。

　10歳を超えても症状が強くみられる場合は、かかりつけの小児科に相談しましょう。

Ⅱ　よく見かける病気やトラブル

5）指しゃぶり

　生まれて間もない赤ちゃんは自分自身のボディーイメージがありません。手をじーっと見つめて、口に持っていって確認しようとしても、それすらもままならないくらいです。それがやっと口に入ります。手しゃぶりから指しゃぶりへ。発達上必要なことです。そして眠い時や寂しいとき、退屈しているときやおなかがすいたときにするようになります。そうすることで気持ちを落ち着かせています。

　3歳頃までは心配ありません。歯医者さんは歯並びのことなどあり、早くやめさせるように言われるかもしれませんが、小児の発達上無理にやめさせる必要はありません。おもちゃや絵本など好きなことに夢中になっているときは指しゃぶりは忘れています。注意したり叱ったりせず、気持ちを察してあげて満たしてあげるような対応をお願いします。抱っこしたり、遊びに誘ったり、他に興味を引いたり、やさしく声をかけてあげてください。

6）便秘

　食事や授乳量が足りない・水分不足・野菜など繊維の多い食物をあまり食べないなど心あたりはありませんか？

　赤ちゃんだと、うつぶせにして遊ぶことで腸が刺激され排便が促されることもあります。トイレへ行く年齢の子は、朝食後など時間を決めて習慣づけることも効果的です。無理強

いは逆効果となるので、その場合はそっとしておきましょう。

「Ⅲ-6　便秘のとき」のホームケアについても参照してください。

7. 生後間もない赤ちゃんの病気や気になる症状

1）頭のかさぶた（脂漏性湿疹）

　赤ちゃんは生後1カ月頃までは、一過性のホルモンの影響で皮脂腺の活動が活発になり、皮膚から多くの脂が出てきます。汚れが皮膚にたまりやすくなり、それが皮膚への刺激となりトラブルも起こしやすくなります。脂が髪の毛にこびりついて黄色いかさぶたのようになることがあります。

　石けんやシャンプーを使ってやさしく洗い、脂を落としてあげましょう。ゴシゴシこすると肌を傷つけてしまうので、やさしくなで洗いで大丈夫です。回を重ねるたびにきれいになっていきます。なかなかきれいにならない・手強い感じでしたら、頭にオリーブオイルを塗って、ふやかしてから洗うのを数日続けてみましょう。

2）赤ちゃんにきび（新生児ざ瘡）

　頬や額などににきびのような赤いポツポツが、生後1カ月

頃までにできることがあります。これもホルモンの影響で皮膚から多くの脂が出てきているためです。一時的なものなので、沐浴の時に顔も石けんの泡でやさしく洗ってあげてください。薬を塗る必要はありません。生後1カ月を過ぎるころから自然に治ります。

3）湿疹・かぶれ

　赤ちゃんの肌は大人に比べてとても薄くて柔らかく、刺激や摩擦に弱い特徴があります。十分な保湿機能や肌表面のバリア機能も未発達です。一方、汗腺はすでに大人と同じ数だけあるので、小さな体で単位面積あたりの汗腺の数は大人よりも多くなり、汗をかきやすくなります。こうしたことがあせもやオムツかぶれができやすく、悪化する原因になっています。そのうえ、赤ちゃんは体のあちこちに深いしわがあるためにおっぱいやミルク・ほこり・汗などの汚れがたまりやすくなります。

　1）や2）のような一過性のホルモンの影響で皮脂腺の活動が活発な時期を過ぎると、今度は思春期まで乾燥肌の時期となり、皮膚表面のバリアが弱い状態が続きます。新生児のときからしっかり保湿をして肌のバリア機能を高め、湿疹やかぶれが起こらないようにする必要があります。

　スキンケアについては、「Ⅲ-7　赤ちゃん、小さな子どものスキンケア」を参照してください。

4）鵞口瘡

　赤ちゃんの口の中のトラブルで、頬の内側や上あご・舌などに白い斑点がみられます。これはカンジダというカビです。乳カス？　と思われるかもしれませんが、拭いても取れません。痛みはありません。

　カンジダに効く塗り薬が処方されるので、小児科を受診してください。哺乳瓶やおしゃぶりなど、口にするものにカビが付いているかもしれないので熱湯消毒するようにしてください。

5）めやに（鼻涙管閉塞）

　生まれて間もない赤ちゃんの目が涙目になったり、めやにがでることがあります。

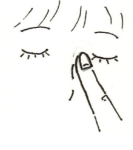

　赤ちゃんは鼻と目の間の通り道が短く狭いため、涙の通りが悪くなります。この通り道を鼻涙管と言います。

　月齢が大きくなってくると、通りがよくなって自然に治ります。

　めやには、清潔なガーゼやハンカチで目頭から目尻に向かってやさしく拭き取ってあげましょう。涙の通りをよくするように、時々目頭をクリクリっとマッサージしてあげるのも効果的です。

眼が開かないくらいひどいめやにや、黄色いめやにが多い場合は小児科を受診してください。必要があれば抗菌点眼薬が処方されます。

6）鼻づまり？

生後間もない赤ちゃんはよく、熱もなく風邪をひいているわけでもないのに、鼻が詰まっているような奥の方でブーブーやズコズコと音が鳴ったり寝苦しそうにしたり、くしゃみをすることがあります。

赤ちゃんの鼻の穴は小さく狭く、鼻の粘膜も敏感なため、ちょっとした気温の変化やホコリなどの刺激で鼻水が出ます。空気の乾燥がひどいときには鼻水が粘稠になり固まって詰まることもあります。鼻が詰まると、授乳時に鼻で息ができないため飲みにくくなります。すぐ泣いて機嫌も悪くなります。

お部屋の加湿と、冬場はお部屋の空気が冷たくなりすぎないように適度に暖めてあげてください。

鼻吸い器や綿棒で鼻水を取ってあげてもいいのですが、あまりお勧めではありません。さらに奥まで入れてしまったり、粘膜が腫れて息苦しくなったり、粘膜を傷つけてしまって鼻の分泌物（鼻水）を増やすことにもなります。穴の外近くに見えている分を取る程度にしておきましょう。

授乳後や入眠時に苦しそうにしていたら、しばらく縦抱きにしたり、大人用枕やクッションで上半身が斜めに上がるよ

うな姿勢にしてみてください。目を離さないように気をつけなければいけませんが、寝入ったら枕やクッションは外して近くに置かないようにしてください。

お風呂の湿気で鼻の症状は楽になります。熱がなければお風呂に入れてあげましょう。

鼻水の量が増えた、哺乳量が減った、咳が出る、ゼイゼイいっている、熱が出てきた、家族で風邪をひいている人がいるなどのときは早めに受診しましょう。

7）臍肉芽腫

へその緒が取れた後の切れ端が、肉のかたまり（肉芽）になったものです。へその緒が取れてから、その断端は表皮で覆われ、痂皮を形成して1〜2週間で治っていきます。この過程

で感染を起こして炎症が起こることがあります。赤みが強く、浸出液がみられ、触れると出血することもあります。ほとんどの場合、赤ちゃんには痛みはないようです。

肉芽が小さいものは市販の消毒液でよいので、綿棒などで消毒を続けるだけでよくなります。あまりに大きいときは小児科で処置をすることがありますが、放っておいて目立たなくなるのを待つこともあります。

浸出液や出血が長く続く場合は、抗菌薬やステロイドの塗

II よく見かける病気やトラブル

り薬が処方されるので、かかりつけの小児科を受診してください。

8）臍炎

　細菌が入って、おへその周りが赤く腫れたり膿が出てきたり、出血することがあります。オムツが当たって擦れてひどくなることもあります。小児科を受診してください。消毒の処置と、抗菌薬などの処方があるでしょう。

9）臍ヘルニア

　へその緒が取れてから数日〜数週間後に、赤ちゃんが泣くなどして腹圧がかかると穴から腸が出てきて、おへそが膨らんで大きくなることがあります。赤ちゃんはまだ腹筋が弱いため、腸が盛り上がって出てきているのです。泣くと出てきやすいのですが、指でおなかに収めるように押すと戻りま

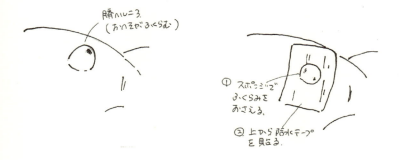

す。

　生後２〜３カ月までは大きくなりますが、うつ伏せで遊ぶようになったり、おなかの筋肉の発達などによってそれ以降は小さくなっていき、１〜２歳までには自然に治ります。しかし、皮膚が過剰に伸びたまま治って美容的問題や、家族や本人のストレスなどがあれば手術をすることになります。最近では皮膚が伸びきってしまう前に、あまりに大きい子はスポンジで圧迫固定をしています。防水のテープを使ったりする、固定の仕方もありますので小児科を受診し、相談してください。

10）体重が増えない

「おっぱいやミルクの飲みが悪い、上手に飲めない」「飲んでいるのに体重が増えない」「母子手帳の成長曲線から大きく外れている」「よく吐く」などがあれば早めに小児科を受診してください。

　受診の前に少し確認もしてみてください。
○ミルクの調乳方法（薄めすぎていない？）
○離乳食開始は早すぎていない？　遅すぎていない？
○離乳食をもっと欲しがっているのに制限していない？
○母乳の分泌量、授乳回数と量はその子にとって適切か
○便の回数、便の性状
○子どもの運動量など

II　よく見かける病気やトラブル

☆母乳不足の見分け方

○１回の授乳時間が長い、30分以上かかる

○授乳間隔が短い、授乳後１〜２時間で空腹で泣く（１カ月
　児では１時間以内に欲しがることもあります）

○眠りが浅い、不機嫌、ぐずって睡眠が十分にとれない

○便や尿の回数と量が減った

　赤ちゃんが元気で機嫌も良く、しっかり眠れる時間があれ
ば、哺乳量は足りていると考えてよいでしょう。

　何時間おきに授乳をするように、などいろいろな考え方が
ありますが、個人差もあります。

　母乳分泌をよくしたければ、特に初めのうちは欲しがった
ら時間を気にせずに何回でも吸わせましょう。それが刺激に
なって分泌もよくなってきます。

　だらだらとした長時間の授乳は赤ちゃんが疲れてしまい、
結局飲めていないことがあるのでお勧めできません。その時
は少しだけミルクを足してあげてください。

　月齢がすすんでくると飲みだめもできるようになり、授乳
間隔もあくようになります。昼夜の区別もついてくるように
なり夜間の授乳も減ってきます。

　赤ちゃんによってはとてもおとなしく、おなかが空いてい
ても泣かない子がいます。その場合は時間を気にしてあげて
ください。時間があきすぎていたら欲しがらなくても飲ませ
てみましょう。欲しがらないから、泣かないからと授乳回数
が少ないと大きくなれません。よく寝るから、と夜間の授乳
時間のあきすぎも気を付けましょう。

139

11) 舌小帯

舌を口腔底に固定するひも状の膜のようなもののことを言います。これ自体は正常な構造で、すべての新生児にみられます。

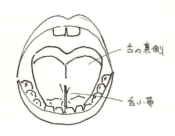

「舌小帯短縮症」となると、舌小帯付着異常によって舌の運動障害を伴います。しかし、「舌の動きには制限がない」というケースまでさまざまです。経過観察をみていても、それを理由に授乳に困難を感じているケースはほとんどなく、問題なく育児が行えているようです。仮に「舌小帯短縮症」であっても、時間が経つにつれて舌小帯が伸びて症状が改善してくることもあります。そして、ほとんどの赤ちゃんの体重の増えも改善していくそうです。

赤ちゃんの哺乳行動の評価として、いくつかの段階的パターンがあります。

まずは、吸啜・嚥下・呼吸。

出産前後に診断し得る大きな問題があれば、産前・産直後から大きな病院に紹介され、外科的になど早期に介入がなされます。

それ以外で、市の新生児訪問の際に「舌小帯」を指摘されて不安が募って、赤ちゃんを連れて小児科を受診される方がいらっしゃいます。

Ⅱ　よく見かける病気やトラブル

「助産師さんに言われて……」「哺乳に時間がかかる」「下手」
など言われて、「それから気になって……心配になって……」
など。大きくなってからの言葉の発達の不安まで指摘された
方もいらっしゃいました。

　たとえ「舌小帯」を認めたとしても、それが哺乳障害の原
因であるとは簡単に断定できないこともあります。例えば、
抱き方や乳頭の含ませ方・授乳のタイミングなどをよく観察
して、それらが適切にできているかどうかを考えてみること
も大切です。

　指摘されると気になってしまうと思いますが、基本は赤
ちゃんの体重の増えが良く、ご機嫌で、発達も順調であれば
過剰に心配する必要はありません。やはり気になるようでし
たら、予防接種や乳幼児健診の機会に相談してください。

　ネットなど情報過多な近頃、余計な不確かな情報も入り振
り回されることもあるかと思いますが、お母さん・お父さん
の不安は赤ちゃんに伝わります。

　小児科は病気を診るだけでなく、健全な子育ての支援も心
がけています。

　気軽に何でも相談できるところも多くなっています。悩ま
ずにまずは相談してください。

141

Ⅲ　よくある症状についてのホームケア

----

1. 熱が高いとき

　発熱は、体が病原体と闘っているためによるものです。熱を発して闘おうとしている体の自然な反応です。熱の上がり始めには、体の震えが出たり手足が冷たくなったりします。そうやって体が必要な所に熱を集めようとしています。その時は寒気を感じるので暖房や衣類などで体を温めてあげましょう。熱が上がりきり、震えがおさまり手足が温かくなったら薄着にして風通しをよくし、熱がこもらないようにしてあげてください。体や頭を冷やすことについてですが、嫌がる子もいます。気持ちよく喜ぶようであれば問題ありませんが、無理に冷やす必要はありません。高熱で体が熱い場合、本当に冷やすとしたら脇や股の付け根（そけい）や首の後ろを冷やしましょう。

　発熱により汗をかいたり、普段よりも皮膚や呼吸から体の水分が失われるため十分な水分をとることが必要です。赤ちゃんでは母乳やミルク、幼児では麦茶やイオン飲料などを少しずつでもいいので与えましょう。そして、熱が高いときは胃腸の働きが悪くなるため、食事は消化の良いものを少なめに。離乳食であれば、もともと消化の良いものですので特に中断まですることはありません。新しい食材だけ避けてく

Ⅲ　よくある症状についてのホームケア

ださい。食欲がなければ無理に食べさせる必要はありません
が、脱水にならないように水分だけはこまめに与えるように
してください。

　解熱剤を使ってもよいのですが、解熱剤は熱による辛さを
軽くするためのもので一時しのぎです。病気を治す薬ではあ
りません。解熱剤を使っても十分に熱が下がらないことも珍
しくはありません。効かないから重症というわけでもありま
せん。

　熱で辛くて眠れない・食事も水分もとれないようでは病気
と闘えないので解熱剤を使ってあげてください。熱を下げ
て、楽になったその間に食事をしたり水分をとったり、眠れ
たり……つまり、病気と闘う体力を整える目的で使うもので
す。熱が高くても、食事や水分をとったり眠れたり、おも
ちゃを触ったりテレビなどをみる元気があれば使う必要はあ
りません。また、解熱剤の多くは鎮痛効果もあるので、関節
痛や筋肉痛・頭痛などを和らげる効果も期待できます。

　使うものは今回の症状で受診し処方されたものか、以前本
人に処方されたものであり、今回受診したときに医師に確認
し使用が認められたものを使うようにしましょう。

　解熱剤は、生後6カ月未満の赤ちゃんには積極的に使うも
のではありません。ご兄弟の分を医師の許可なく使用するこ
とがないようにお願いします。

143

2．声が枯れている・咳がひどい・のどが痛い とき

○お部屋の加湿（加湿器の使用・お風呂の扉を開けておく・ 洗濯物や濡れタオルを室内に干すなど）。

○水分をこまめに少しずつとってのどを潤す。

○咳込みがひどくて吐きそうになる時の食事は、少しずつ小 分けにして与える。

○冷たく乾燥した空気は喉を刺激するため、外出を控える・ マスクをする・部屋全体を暖かくする。

○呼吸が楽になるようにゆったりとした服装で、枕やクッ ションを使って上半身を高くしたり、縦抱きにする。

○寝起きは就寝中にたまった痰を出すため咳が多いでしょ う。軽く背中を叩いてあげて痰が移動して出しやすいよう に手伝ってあげましょう。痰をうまく出せずに飲み込んで しまっても、便と一緒に出てくるだけなので心配すること はありません。痰が切れることが大切です。

子どもはもともと気道が細いので、痰などが詰まりやすく 息ができないなど呼吸に影響が出ます。

○ひどい咳が続いているときは、睡眠も妨げられます。ま た、咳をするたびに腹筋などの筋肉を酷使しており、体力 を消耗します。日中もなるべく休ませて十分な休養がとれ るようにしましょう。

Ⅲ　よくある症状についてのホームケア

3．のどが痛い・口内炎などで口の中が痛いときの食事

　塩味や酸っぱいもの、硬いものは控えてあげてください。冷たいゼリーやプリン・アイスクリーム・冷たいうどんや冷ましたおじや・冷ましたグラタン・冷スープ・冷奴などは食べやすいでしょう。

4．鼻水・鼻づまりがひどいとき

　加湿はもちろん必要ですが、鼻水がひどくおっぱいやミルクを飲みにくそうにしていたら、授乳前に鼻水を吸ってあげてください。母乳やミルクの1回量は少なめにし、回数を多くして与えましょう。

5．下痢や嘔吐のとき

1）お勧めの水分

　脱水にならないように、水分と塩分をとりましょう。OS-1®やアクアライト®ORS などのイオン飲料や経口補水液がお勧めです。飲めるようであればスープやみそ汁も適しています。赤ちゃんは母乳やミルクを続けましょう。薄めずに少しずつ飲ませてください。

　経口補水液はお家でも作れます。湯冷まし1ℓ＋塩3g

145

（小さじ 1/2）＋砂糖40g（大さじ 4 と 1/2）。あとはお好みで果汁を加えると飲みやすくなります。

　スポーツ飲料や果汁、野菜ジュースなどは適した塩分量が含まれていなかったり、砂糖が多く含まれていて下痢を悪化させることがあるためお勧めではありません。

　食事が全くとれていない場合には、お茶や水だけ飲むこともお勧めできません。体から失われた塩分や水分をとれない、またエネルギー源となる糖分もとれないためさらにぐったりします。効率の良い水分補給にはなりません。

2）上手な水分のとりかた

　吐いている間は、何も飲ませないでください。脱水を心配してあわてることはありません。吐き気が治まってから 3 〜 4 時間以上何も与えずにおなかを休ませてあげてください。そしてまずは、小さなスプーン 1 杯の口を湿らせる程度の水分から始めてください。20〜30分吐き気が見られなかったらまたスプーン 1 杯……というように様子を見ながらゆっくり時間をかけて少しずつ量を増やしていってください。

　また吐いたときには初めからやり直しです。お子さんが「喉が渇いた」と言ったからと、お子さん任せにコップや入れ物ごと渡すと勢いよく飲み、また吐きます。悪循環になるだけです。

Ⅲ　よくある症状についてのホームケア

3）脱水が疑われるのはどんなとき？

○尿の量・回数が少ない、尿の色が濃い
○泣いているのに涙が出ない
○唇や肌がカサカサ、ハリがなくしわになっている
○のどが渇く
○目がくぼんでいる
　などがめやすになります。

4）食事について

　水分がある程度とれるようになったら、少しずつ消化のよいものを与えましょう。

　それでもなかなか食べられそうになければ、大きな子であればいつでも食べられるように氷砂糖や一口サイズの塩おにぎりなどを用意してあげましょう。少しずつ口にしている間に元気になってきます。

☆お勧めの食事
　粥・雑炊・おにぎり・うどん・豆腐・白身魚・鶏ささみ・バナナ・すりおろしたりんご・煮野菜・野菜スープ・みそ汁など。

　下痢が続いているのに普段通りの食事量を1回にとると、腸が動き出すためにおなかを痛がります。

下痢はどんどん出してウイルスや菌を体の外に出した方が良いのですが、少しでも症状が強く出ないように食事の1回量は少なめにし、回数を多くしてあげましょう。

　牛乳やヨーグルトなどの乳製品や脂っこいものも避けましょう。

　離乳食期のお子さんは中断する必要はありません。初めての食材だけは取り入れないようにしていただければ、続けていただいて大丈夫です。完全にやめてしまうと、元気になったときに再開しようと思っても嫌がって進まなくなることがあります。

5）おしりかぶれについて

　嘔吐は1〜2日で治まることが多いのですが、小さな子どもの下痢は1週間以上続くこともあります。

　便回数が多いとおしりがかぶれやすくなります。

　小さな子どもの肌は弱いため悪化しだすと一気に悪くなり、なかなか治らないためケアが必要です。

　シャワーボトルで洗い流したり、脱脂綿にたっぷり水分を含ませて優しく拭いて清潔にしてください。そして、軟こうやワセリンなどの保湿剤を塗って皮膚を保護してあげると悪化するのを防ぐことができます。

　ひどく荒れていたり、治りが悪いようでしたら小児科で薬を相談してください。

Ⅲ　よくある症状についてのホームケア

そして、下痢や嘔吐は家族にうつります。オムツを替える
たびなど頻回に石けんで手洗いしましょう。洗濯物も別洗い
がお勧めです。

6. 便秘のとき

1) お勧めの食材

さつまいも・さといも・こんにゃく
白菜・キャベツ・ピーマン・にら・もやし・ごぼう・人
参・大根・きのこ
おから・納豆
麦飯・コーンフレーク・オートミール・とうもろこし
みかん・オレンジ・パイナップル・プルーン・バナナ
わかめ・のり・ひじき・寒天・ヨーグルト
など。

2) 浣腸について

おなかをやさしくさすってマッサージしてあげたり、うつ
伏せにしておなかを刺激するなどの他には浣腸があります。
　赤ちゃんでは、綿棒浣腸といって肛門にオイルをつけた綿
棒を、綿が隠れるくらい入れて刺激してあげるとオナラや便
が出てきます。タイミングが悪くてその時出なくても、時間
をおいて何回かやっているうちに出てきます。

149

３日便が出ていないようでしたら試してみてください。

　何を試しても出なくて、おなかを痛がったり機嫌が悪くなったり、おなかが張って苦しそう、食欲も落ちるようでしたらかかりつけの小児科を受診してください。必要と判断されたら浣腸の処置や、便秘薬・浣腸薬などが処方されるかと思います。

☆お家で浣腸薬を使って浣腸する場合

　体重に合わせて量が決まっています。決められた量を守ってください。

　赤ちゃんは仰向けでオムツを替えるときと同じ姿勢でよいのですが、大きくなってきたら横向きの姿勢で行ってください。

　浣腸液は冷たすぎない程度に温めます。暖かい日は常温でもよいでしょう。

　キャップを外したら、肛門に入れる先端にオリーブオイルやベビーオイルをつけます。

　肛門に先端が隠れるくらいまで差し込み、口で呼吸をさせながらゆっくり注入します。入れ終わったら、しばらくティッシュで肛門を押さえます。

　すぐトイレに行きたがりますが、５分でもいいので、できるだけ我慢させてください。すぐトイレに行くと浣腸液だけが出てしまうことがあります。

　分からなければ、まずは小児科で実際に見せてもらうのもよいでしょう。

Ⅲ　よくある症状についてのホームケア

7. 赤ちゃん、小さな子どものスキンケア

1）スキンケアの基本について

　スキンケアの基本は、「洗浄・清潔」と「保湿」です。

　皮膚の汚れをお風呂のとき以外の気づいたときにも落として、必要であれば保湿剤で保護します。

　よだれを含め、口元や頬が荒れやすい子は授乳や食事前に保湿剤を塗って保護してあげて、終わったらきれいにして、また保湿剤を塗り直すくらいがいいです。

　入浴のときには顔も石けんで洗ってあげてください。刺激の少ない弱酸性のベビー用がよいでしょう。

　体を洗う時もですが、石けんをよく泡立てて、手やガーゼ・柔らかい綿タオルなどでなでるように洗って、石けんが残らないようによくすすぎます。そしてタオルでポンポンと優しく押さえるように拭いてあげてください。

　洗うときも拭くときもゴシゴシと擦ると肌を痛めてしまいます。

　肌が乾ききる前に、ベビー用の保湿剤を塗ってあげましょう。

　特に湿疹がひどい状態のときは、かゆみが増すので熱い湯や温まりすぎは避けるようにしましょう。

　また、ほてりを感じる沐浴剤や入浴剤も避けてください。

151

☆他にお子さんの肌を守るために……

○新しい肌着は使用前に一度洗う

○洗剤は十分にすすぐ

○爪は短く切る……「掻くから」と言って、赤ちゃんに手袋をはめている方を見かけますがお勧めできません。赤ちゃんはまず、自分の手を眺めたり口に入れて遊ぶようになります。発達上とても大事なことです。それよりも爪を切ったり、肌の保湿を頑張りましょう。

　その時のお子さんの肌の状態が分からなければ、小児科で予防接種や一般診察の際に気軽に相談してみてください。

2）保湿剤について

　肌を保護する役割があります。

　外出前後やシャワー・入浴後だけでなく、口の周りやオムツが当たるところなど汚れやすい部位を中心に、可能な範囲でなるべく早めに塗り直すようにしましょう。

　肌の状態がよいときには保湿剤の使用量が減ってしまいがちですが、ケアを続けることが大切です。

　保湿剤には軟こう・オイル・クリーム・乳液・ローションとさまざまなタイプがあります。

　べとべとする・さらりとしている・物足りないなど使用感が違うので、季節に合わせて塗りやすさや効果などを考えて使い分けてみましょう。

Ⅲ　よくある症状についてのホームケア

☆主に処方される保湿剤の種類と違いについて

○ワセリン（プロペト）

　皮膚の表面を覆うことで皮膚のバリア機能を補い、水分の蒸散を防ぎます。

○ヒルドイド

　保湿剤そのものに水分を保つ作用があり、皮膚の湿潤を保ちます。水分を角質に与える効果もあり高い保湿性をもちます。

　市販のものでも十分に効果があるものも多く、お子さんにあったお気に入りのものがあれば使用してもよいでしょう。

3）ステロイド外用薬について

　肌の炎症が強い時はステロイドを正しく使うことが大切です。

　ステロイド外用薬は、乳児湿疹・あせも・オムツかぶれ・アトピー性皮膚炎などの治療に欠かせない塗り薬です。

　速やかに炎症やかゆみを抑え、早く正常な肌に戻す効果があります。

　炎症がみられるところに塗り、まず、「炎症を鎮める」ということになります。

　一見、すぐに効果が見られ改善したかのようになりますが、それはまだ表面上だけのことであり根本的に治ってはいません。自己判断でやめてしまうと再発を繰り返し、結局は予定より多く薬を塗らなければならなくなります。もとより

悪化し、治りにくくなることもあります。

　外見的には見えない皮内の炎症を抑え、再燃を防止することも目的としていますので、しっかりと治っていない段階でステロイドをやめてしまうことはお勧めできません。

　必ず、医師の指示通り続けて、定期的に診てもらい、指示に従って少しずつ減らしていくのがポイントです。

４）紫外線対策について

　日焼けすると、肌のうるおい成分が失われて乾燥してしまいます。肌バリアが弱くなるので、日焼けしたときも保湿が大切です。

　日焼け止めを塗るよりも、帽子や日傘で紫外線を防いであげてください。もし、日焼け止めを使うときは、保湿剤を先に塗ってから使ってください。そして、落ちやすいので、こまめに塗り直してください。

　日焼け止めを塗って肌が荒れてしまった、というお話もよく聞きます。必ずベビー用で、狭い範囲で少し試してみてから使うようにしましょう。

５）湿疹とアレルギー疾患との関係

「食物アレルギーなどのアレルギー疾患の発症に、皮膚の湿疹が関わっている」と言われています。

　湿疹や乾燥で荒れて肌の状態が悪いと、肌表面のバリア機

Ⅲ　よくある症状についてのホームケア

能が弱いために空気中のさまざまなアレルゲンや、授乳や食事中にたれたりこぼしたりした食物のアレルゲンを、体の免疫細胞が皮膚表面から取り込んでしまい、アレルギーを起こしやすくなると言われています。

　口から入ったアレルゲンよりも、肌からのほうがアレルギー発症のリスクが高いと言われています。

　口から入ったものは異物として攻撃しないように免疫が働きますが、状態の悪い肌から取り込まれたアレルゲンに対しては、アレルギーを増強する免疫反応が活発になります。この状態が続くことでアレルギー反応が起こります。そのため、将来のアレルギーを心配するよりも、離乳食が始まる前からのスキンケアをしっかりされることをお勧めします。

Ⅳ　薬について

1．薬の飲み方

1）飲む時間について

　1日2回：基本は朝と夜の約12時間毎です。
　1日3回：食事の時間に関係なく、朝・昼・夜とおおよそ
　　　　　等間隔で。
　1日4回：朝・昼・夜・寝る前です。
　1日1回：朝のみまたは夜寝る前。いつ飲むのかは処方箋
　　　　　や薬の袋などを確認してください。

　大人と同じように「食後に飲むもの」とこだわられる方がいますが、お子さんについては気にしないでください。「胃が荒れる」という心配もいりません。特に赤ちゃんや小さな子は、食後はおなかがいっぱいで飲めなかったり、飲んだり食べたりしたものと一緒に吐きやすくなったりします。赤ちゃんは授乳の前に飲ませるとうまくいきます。そして、しばらくして落ち着いてから授乳をすると確実です。
　熱が下がったから・元気になったから、と自己判断で薬をやめないように。やめていいかどうかは必ず診察を受け、かかりつけ医に確認してください。

IV 薬について

　頓用の解熱鎮痛剤や坐薬、吐き気止めやけいれん止めで余った分は保存して残しておいてもいいでしょう。ですが、体重が大きく変わってから使うとあまり効果が期待できません。その時は体重にあった量の薬を処方し直してもらってください。

2）上手な飲ませ方

①水薬

　スポイトやスプーンを使います。吐かないように少しずつ飲ませましょう。その薬用の小さな計量容器をもらっていて、そのまま飲めるようであればそのままでも。

②粉薬

　小さなスプーンに水を数滴たらし、そこに薬を混ぜ入れてからスプーンを口に入れるか、または小さな容器に数滴の水をたらしてそこへ薬を混ぜて指で練ったものを上あごなど口の中のあちらこちらに少しずつこすりつけて飲ませます。よだれで入っていきます。

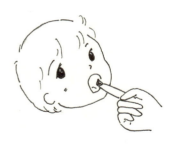

　ミルクに混ぜてしまうと、味が変わってその後も飲むのを嫌がるようになったり、全部飲みきれなかった場合には薬も飲めていないことになるのでお勧めできません。

薬は、小さい頃から元気になるために必要なものとお話し
しながら、お母さんが怖い顔をせず、「頑張って」と声をか
けながらやさしい雰囲気ですすめると、後々薬嫌いで苦労せ
ずにすむのではないでしょうか。上手に飲めたらしっかりほ
めてあげてください。薬を大切なものと理解し、そのまま飲
める子もたくさんいます。初めての薬からそのまま飲む習慣
をつけましょう。

　それでもどうしても嫌がって飲んでくれないときは、何か
と一緒に飲みましょう。

　例えば、アイスクリームやゼリーの間にはさんだり、ヨー
グルトに混ぜたり、ジャムやチョコレートソースに混ぜたり
など。

　練って混ぜるより、間に挟む方が味が分かりにくくなり上
手に飲んでくれます。

2．抗生剤（抗菌薬）について

　細菌による病気（溶連菌性咽頭炎・細菌性肺炎・マイコプ
ラズマ肺炎・細菌性腸炎・尿路感染症・中耳炎・とびひな
ど）にかかったときに処方されます。

　ウイルス性（風邪・突発性発疹・手足口病・ヘルパンギー
ナ・ウイルス性胃腸炎・おたふくかぜなど）には効かないた
め処方されることはありません。

　抗生剤が処方されたら、自己判断で途中でやめたりしない
で、指示を守って最後まで飲みきりましょう。

IV　薬について

　薬の副作用で下痢をしやすい子もいます。医師に伝え、整腸剤の処方を相談してみましょう。

　次に病気にかかったときに残っていた抗生剤を「取りあえず」と考え、飲ませてしまう方がいます。そのために症状が分かりづらくなったり、検査しても結果が出ないことがあります。診断の妨げとなり、適切な治療が受けられなくなる場合があります。

　また「予防で」と考え、普段から乱用していると耐性菌ができたり、体の中の菌のバランスを崩すことにもなります。いざ、細菌性の病気にかかったときに効果が期待できなくなります。

3．解熱剤について

　高い熱が出ると、早く熱を下げようとあわてて解熱剤を使おうとされる方がいます。解熱剤は38.5度以上の高熱のためにぐったりしてつらそうにしているときに使い、一時的に楽にしてあげ、その間に水分や食事をとったり睡眠をとれるようにし、病気と闘うための体力を維持するために使います。病気そのものが治るわけではありません。

　体はウイルスや細菌と闘うために熱を上げています。一時的に薬の効果で下がったとしても再び上がってきます。

　熱が高くても眠ることができる、水分などをとる元気があるようであれば使う必要はありません。

　一度使ったら、次に使うまで6時間以上はあけるようにし

てください。

　子どもには安全なアセトアミノフェン系の解熱剤（アンヒ
バ・アルピニー・カロナール）が処方されます。

　大人用の解熱剤は絶対に使わないでください。また、生後
6カ月未満の赤ちゃんには積極的に使うものではありませ
ん。使用することにより、低体温になることがあります。ご
兄弟の分を医師の許可なく使用することがないようにお願い
します。

4. 坐薬の使い方

　坐薬には解熱鎮痛・吐き気止め・けいれん止めなどがあり
ます。

　頓用でよく処方されますが、必ずその子に出された坐薬を
使いましょう。

　坐薬の種類も間違えないように気を付けてください。

1）けいれん予防の坐薬と解熱剤の坐薬を使うとき

　けいれん予防の坐薬を先に入れてください。30分以上あ
けてから解熱剤の坐薬を入れます。

2）上手な入れ方

「1/2個や1/3個、2/3個の使用」など指示があることもあり

ます。ハサミでカットして使いましょう。

　なるべく排便後のタイミングがお勧めです。

　肛門に入れる前に手で温めて表面を溶かして滑らかにしたり、オリーブ油やベビーオイルを付けると楽に入っていきます。入れたらしばらくティッシュで肛門を押さえましょう。

　もし、すぐに出てきたら新しいのを入れ直さず、出てきたものをそのまますぐに入れましょう。

　十数分経って溶けた液が出てきたり、ほとんど溶けて小さくなったものが出てきた場合は吸収されていると考えてください。追加はしないほうがいいでしょう。

5. 点眼薬の使い方

　じっとして点眼させてくれる子は、立ったままや座った状態で上を向いてもらってできます。うまくできそうになければ、仰向けに寝かせて、お母さんの股で頭をはさみ固定します。目をつぶった状態でも、目頭付近に点眼して、目をパチパチとまばたきしてもらったら入っていきます。どうしても嫌がるときは、睡眠中に目頭に落としてもいいですよ。

6. 点耳薬の使い方

　頭を横にして、薬を入れる側を上にします。耳の穴の壁に沿うようにそっと静かに薬を入れます。薬を入れて10分程はそのままの姿勢で待ちます。

予防接種について

1．予防接種は生後2カ月からスタート

　対象月齢になったら、できるだけ早くワクチンを受け、早期に免疫をつけることが大切です。
　誕生直後はある程度はお母さんから受け継いだ免疫で守られています。しかし、もともと免疫を受け継いでいない感染症もありますし、お母さんからの免疫も月齢とともに弱くなります。
　さまざまな感染症からお子さんの健康を守ることができるのはワクチンです。
　病気にかかりやすくなるまでに、しっかりと免疫をつけてあげることが大切です。

「自然にかかったほうがいい」というのは誤解です。
　たしかに自然に病気に感染すれば、その病気に対する免疫を獲得できます。1回感染すればその病気にかかりにくくなります。しかし、だからといって「自然にかかったほうがいい」というのは誤解です。
　自然感染では、つらい症状に苦しむだけでなく、合併症を起こしたり重い後遺症や死亡など重症化の恐れがあります。
　ワクチンは、感染すると重い後遺症や死亡の危険性の高い

病気を予防し、たとえかかったとしても重症化しないための
ものです。お子さんをワクチンで防げる病気から守りましょ
う。

　まれに「1歳になったら予防接種を始める、始めたい」と
言われる方がいらっしゃいます。なぜでしょう……。
　なぜ生後2カ月からスタートなのか、意味を理解していた
だきたいと思います。
　生後間もない赤ちゃんだからこそ、ワクチンで守ってあげ
てほしいと願います。
　ご家庭により様々な考え方があるかと思います。かかりつ
けの小児科とよく相談してください。

2. 初めてのワクチンと予防できる病気

　赤ちゃんが初めて接種するワクチンは、ヒブ＋肺炎球菌＋
ロタウイルス（飲むワクチン）＋B型肝炎です。
　これらのワクチンで防げる病気は、赤ちゃんにとって「診
断が難しい」「重症になりやすい」「薬が効きにくい」ために
かかると大変です。

1) 細菌性髄膜炎（対応ワクチン：ヒブワクチン・肺炎球菌ワクチン）

　インフルエンザ菌b型（Hib）や肺炎球菌などの細菌が、

脳や脊髄を包む髄膜にまで入り込んで起こる病気です。

　感染し、進行すると意識障害・けいれんなどがみられ、死亡したり重い後遺症が残ることがあります。

２）ロタウイルス胃腸炎（対応ワクチン：ロタウイルスワクチン）

　乳幼児がかかりやすい病気で、１週間〜10日以上激しい嘔吐や下痢をくり返します。脱水症状が重くなり、けいれんや脳症を合併することもあります。入院するケースが多く、死亡例の報告もあります。

３）Ｂ型肝炎（対応ワクチン：Ｂ型肝炎ワクチン）

　血液だけでなく、汗や涙・唾液でも感染します。お母さんからの母子感染だけでなく、お父さんや祖父母・パートナーからの感染、保育園・運動部などでの集団感染の報告もあり、問題になっています。

　感染すると、肝炎を発症するだけでなく、将来の肝硬変や肝臓がんの原因になります。

　他にも大きくなってからすすめられるワクチンにはたくさんの種類があります。

　初めての予防接種を２カ月からスタートしていただけると小児科とのつながりができ、ワクチンについての説明や今後

V　予防接種について

の接種スケジュールについての案内があり、不安に思われて
いることも相談できます。

3．同時接種について

　同時接種とは、1回の受診で、接種可能で必要なワクチン
をすべて受けることを言います。

　同時接種は、お子さんに早く免疫ができ、保護者の負担も
少ないので世界中で行われています。

　早く・確実に・複数のワクチンで防げる病気から守ること
ができます。

　同時接種をすることで副反応が出やすくなったり、特別な
副反応が出たりすることもありません。ワクチンの効果と安
全性は、1種類でも同時接種でも変わりません。

4．生ワクチンと不活化ワクチンのちがい

1）生ワクチン

　生きている病原体（ウイルスや細菌）の毒性・病気になる
性質を弱めてつくったワクチン。

　ウイルスや細菌が体内で増殖するので、自然感染と同様な
経過で免疫ができます。

　自然感染に近い比較的強い免疫をつけることができます。
より効果を高めるために、2〜3回接種のものもあります。

165

2）不活化ワクチン

　病原体やその成分の感染力・毒性をなくしてつくったワクチン。

　生ワクチンのように体内で増殖することがないので、1回接種しただけでは必要な免疫を獲得・維持できないため、数回の接種が定期的に必要です。そのため、次の接種を忘れてしまって回数が途切れることのないように気を付けましょう。

5．ワクチンの接種間隔

　次回のワクチン接種は、生ワクチンを接種したら4週間、不活化ワクチンを接種したら1週間あけないと受けられません。

　また、同じ種類のワクチンの接種間隔にも、それぞれに適切な間隔があります。

　ワクチンによって接種開始年齢や月齢もさまざまです。

　次回の予定をたてるときには、接種後の接種間隔に注意しましょう。

V　予防接種について

6. 定期接種と任意接種

1）定期接種

　お住まいの市の補助により、無料（公費負担）で受けられます。

　定められた期間内で受けること、他市で受ける場合は依頼書の発行が必要（お住まいの健康センター・保健所におたずねください）となる点にご注意ください。

2）任意接種

　補助がなく有料。ワクチンによっては地域ごとに公費助成制度がある場合もありますので、くわしくはお住まいの健康センター・保健所のお知らせ（広報など）で確認してください。

　原則自己負担となりますが、ワクチン接種の大切さは定期接種ワクチンと同じです。

　最近では、任意接種ワクチンを定期接種にする動きが進んでいます。

　少し前までは、ほとんどのワクチンが高額な自己負担でした。それでも病気から子どもを守るために接種していました。しかし、それでは接種される方が広まらず、重篤化して重い症状に苦しんだり後遺症を残したり、最悪の場合亡くなられるケースもありました。

167

「ワクチンさえ接種していれば……」

　最近はワクチンの公費化がすすみ、重要性の理解も広まり、みなさん積極的に接種されていると感じます。

　予防もせず、無防備でいるのは怖いですよね。

　接種について不安があったり悩まれたりしている場合は、お子さんと一緒に来院して相談してください。

7. インフルエンザワクチンについて

　10月を前にするとよく質問されるので追記です。

　毎年10月中旬から予防接種がスタートします。インフルエンザワクチンについても他と同様で、発病予防だけでなく、重症化予防として接種されることをお勧めします。

　接種は12歳まではおよそ2〜4週間の間隔で2回接種します。効果を高めるためには3〜4週間隔での接種が最適と言われています。13歳以上は通常1回接種します。

　小さなお子さんの場合、1回接種だけでは十分な免疫ができません。重症化を予防するのに必要な免疫ができるのは、2回目を接種して2週間ほどたったころからです。

　インフルエンザワクチンの効果は接種後2週間から3〜6カ月間程度持続するとされています。

　1歳未満の赤ちゃんの接種についてですが、生後6カ月までは赤ちゃんの免疫の力が十分でないため、抗体ができにくい可能性が高いと考えられています。生後6カ月から接種は可能ですが、1歳ころまでは抗体のでき方がやはり悪いこと

V　予防接種について

が知られていて、接種しても効果が低くなります。保育園など集団生活をされている赤ちゃんには接種をお勧めしますが、1歳未満でお家で過ごされている赤ちゃんについては、同居されているご家族が積極的に接種し、赤ちゃんに感染しないように守ってあげましょう。

Ⅵ 赤ちゃんから小さな子どものケガ・事故の特徴と事故予防

不慮の事故は子どもの死因順位の上位を占めており、子どもの安全や生命を脅かす重大な問題としてとらえられています。

子どもの事故には交通事故・溺水・転倒・転落・誤飲などがあり、家庭内が最も多く、年齢が上がるにつれて家庭外の事故が多くなります。

子どもの事故は、子どもの体や心の発育段階と関係があります。

発育段階に応じ、どのような事故が起きるのかを知り、子どもが安全に過ごすための環境を整えることは事故を防ぐ上で大切です。

最近では、日常生活をより便利に時間をかけずに行う傾向が強まり、家電製品や室内設備もセンサーに反応して動くものや、自動で掃除をしてくれる機械や、ドラム式で子どもの隠れ場になりやすい洗濯機など、子どもを取り巻く環境は変わってきています。

例えば、洗濯機に閉じ込められて窒息・こんにゃくゼリーやグミによる窒息・洗濯用パック型液体洗剤やスタンプ型洗浄剤の誤飲・センサー式殺虫剤や芳香剤の眼内異物事故などが報告されています。

VI　赤ちゃんから小さな子どものケガ・事故の特徴と事故予防

　このように、子どもを取り巻く環境が変わっていくことで新たな事故が起きるため、環境の変化に合わせて起こり得る事故を予想して、周囲の大人が防いであげることが必要です。

　実際に、相談や病院へ来られるケースが多いものばかりを挙げています。参考にしてください。

1. 寝返りができる時期（生後０カ月〜５カ月頃）

　３カ月頃になると個人差はありますが、首が座り、手に触れる物を握ったり、なめたりして遊ぶことができるようになります。また、月齢が進むにつれて足の力も強くなり、体をずり動かすようになります。

　この時期に多い事故として、保護者が誤って落としてしまう転落や、ベビーベッドやソファからの転落、寝具が子どもの上にかかったことによる窒息、車内に放置したための熱中症などがあります。

○ベビーベッドの柵の閉め忘れによる転落

○ソファや大人用ベッドに寝かせたことによる転落

○ベビーカーでベルトをしていなかったために転落（１カ月未満の赤ちゃんでもありました。段差のせいもあったのでしょうか……）

☆寝返りができない２〜３カ月の子の転落もよく聞きます。油断しないで！

○床に寝かせていて、ファンヒーターに近づいたことによる
　やけど
○枕や布団での窒息
○抱っこひもやクーハンからの転落
○抱っこやおんぶをしての調理時にやけどをさせてしまう
　（落とされた上に、お母さんが慌ててしまい鍋がひっくり
　返ってやけどをした子もいました）
○たばこ・おやつやナッツ類などのおつまみ、食事の食べこ
　ぼし・小さなおもちゃ・ボタン電池などの誤飲
○チャイルドシート未着用による転落やケガ（車のドアを開
　けた途端に地面に転落もよく聞きます）

2．おすわり・はいはいができる時期（生後5カ月～9カ月頃）

　この頃の乳児は寝返りをし、お座り・ハイハイ・はやい子
ではつかまり立ちをし、徐々に自力での移動が可能になりま
す。また、指で物をつかめるようになり、つかんだ物を口に
入れて確認しようとします。

　保護者の気が付かないうちにできることが増えていること
もあり、事故への対策が遅れがちになることがあります。

　この時期に多い事故として、寝返りによる転落・階段や家
具からの転落・たばこや小物の誤飲・食事中のやけどなどが
あります。様々なものに興味を持つようになり、それによる
事故も増えます。

VI 赤ちゃんから小さな子どものケガ・事故の特徴と事故予防

○椅子やソファなどの高いところにいて、床に置いてあるおもちゃを取ろうとして転落
○財布を触って遊んでいてお金を誤飲、たばこや小さなおもちゃなどの誤飲
○窓やドアに指を挟む
○お母さんをハイハイしながら追って、階段から転落
○コンセントをさわり感電
○しっかり座る姿勢ができていなくてずり落ちたり、ベルトをしていなかった、立ち上がったなどで椅子から転落
○ベビーカーに乗っていて、ベルトをしていなかったり立ち上がったりで転倒・転落
○机やテーブルなど家具への衝突
○灰皿に放置されたたばこによるやけど
○ファンヒーター、ストーブ、アイロンに近づいたり触れたりしてやけど
○加湿器やポット、炊飯器などの蒸気に触れてやけど
○玄関、庭への窓や段差からの転落（網戸を破って落ちた子もいました）
○ひもやコードで遊んでいて、首に巻いたまま移動し窒息
○浴槽での溺水

3. つかまり立ち・つたい歩き・よちよち歩きができる時期（生後10カ月〜1歳半頃）

つまずいてよく転ぶので、ケガが多くなります。また、

立って手の届く範囲が広がります。

　一人で歩行ができるようになると、家庭内や屋外でも行動範囲が広がり、事故の発生が多くなります。

　乳幼児はバランス感覚が未発達なうえ、頭が大きく重く、視野も狭いのでよく転びます。

　この頃になると、自分一人で高い場所に上がることもできるようになります。

　危険回避能力が未熟なため、危険な物や場所の区別はできません。そして、大人のすることをよく見ていて真似をしようとします。好奇心旺盛で良いのですが、「なんで？」というような予期せぬ行動をとります。

○不安定なつかまり立ちで転倒や歩行時などに家具や家具の角でケガや打撲

○テーブルのたばこの誤飲ややけど

○ピーナッツ等豆類の誤嚥・窒息

○熱い飲み物が入ったコップを倒してやけど

○テーブルクロスをひっぱって熱い飲み物でのやけど、皿などの落下によるケガ

○引き出しからはさみを取り出したり、流し台の下の扉を開けて包丁を取り出してケガ

○コードを引っ張ったり、つまずいて、アイロンが落下してケガややけど

○自分で階段などの高いところに上がろうとして転落

○おもちゃを踏んで転倒

○風呂場での転倒

VI　赤ちゃんから小さな子どものケガ・事故の特徴と事故予防

○浴槽やトイレへの転落、溺水
○窓やドアに指を挟む（車のドアにもよく挟んでいます
　ね）・引き出しに指を挟む・扇風機に指を入れてケガ
○扉や引き出しを開けて、あるいは置いてあった洗剤・化粧
　品・薬・ボタン電池などの誤飲
○加湿器やポット、炊飯器などの蒸気に触れてやけど
○魚焼きグリル・トースターや炊飯器・鍋をさわってやけど
○網戸に寄りかかって転倒・転落
○段差からの転落（玄関・窓など）
○椅子ごと転倒・転落
○テーブルやソファ・ベッドの上で遊んでいて転落
○人との衝突
○物をくわえていて転倒し、口の中をケガ
○自転車の前に乗せていて、自転車ごと転倒（よく聞きま
　す。かなりの高さと衝撃があり危険です）

　お風呂場での溺水に気を付けてください。数センチの水量
でも溺れます。一緒に入っていてシャンプーをしている間
や、目を離したすきにお風呂場に入り残り湯に落ちるなど。
数分で重症になることがあります。
　他には、ビニール袋で遊んでいて頭にかぶって窒息するな
ど……。

　どのような発達段階でも、子どもは大人が予期せぬ行動を
とったり、大人のちょっとした不注意や気を抜いてしまった

時などに事故は起こります。

　自由に安心して過ごせる環境を整え、周りの大人が意識して気を付けることで事故を防いであげましょう。

　例えば……、

○ベッドの柵を忘れない
○口に入る大きさのものは手の届く場所に置かない
○テーブルクロスは敷かない
○熱を発するものは手の届かないところで使用する
○浴室に残り湯をしない、浴室に入れないようにしておく
○家具の角や縁をカバーする
○階段や台所に柵をつける
○窓や網戸は開けられないようロックをつける
○コンセントカバーをつける
○椅子に座っているときなど高いところにいるときは目を離さない
○ドアを開け閉めするときは子どもが近くにいないか確認する
○自転車に乗せるときはヘルメットをかぶせる
○家庭用の小さなプールでも目を離さない（タオルを取りに行ったり、飲み物を取りに行ったりの一瞬も）
　なㇳなど。

　お子さんの目線になってお家の中や周りの環境を見直してみましょう。

VI　赤ちゃんから小さな子どものケガ・事故の特徴と事故予防

4. 走ることができる時期（2歳〜）

　引き続き、転倒や転落といった事故は多いのですが、勢いもあり複合的な事故が増えます。

　子どもの視野は狭く、周りが見えていません。目の前の関心のあるものだけしか見ていないこともあります。

　屋外でのケガも増え、交通事故といった危険性も高まります。

○転倒して口にくわえていたストローや箸・串・歯ブラシなどが喉に刺さる

○走り回って遊んでいて柱やドア、人に衝突

○高いところから飛び下りて転倒

○ベッドなど高いところで飛び跳ねていて転落

○公園の遊具から転落（ブランコ・すべり台・ジャングルジムなど）

○自転車などに乗っていて転倒、転落

○自転車の後ろに乗せていて、車輪に足を巻き込んでケガ

○窓やベランダからの転落

☆ベランダの柵の近くにゴミ箱や物を置かないようにしましょう

○おもちゃや本・新聞紙などで滑って転倒

○調理台に手が届き、鍋などでやけど

○柵を自分で開けて階段から転落

○飛び出しによる交通事故

○道や線路をはさんだ向こう側にお母さんやお父さんを見つ

177

けて渡ってしまい事故にあう
○おもちゃや長いものを耳や鼻に入れてケガ、または取れな
　くなる

　外出先では、目を離すときには手を放さない。手を放すと
きには目を離さないようにしましょう。

　子どもはいつ何ができるようになって、どこで何をして遊
んでいるかわかりません。
　目の届く範囲で、また用事をしていてもときどき様子をみ
て、気を付けてあげてください。

おわりに

　24時間365日、休まずに子育てや家事を頑張っているお母さん。最近では同じように頑張っておられるお父さんも多いかと思います。

「子どもをみる」というプレッシャーの中で、「どうしていいか分からない」「程度が分からない」「これでいいのだろうか」など、様々な場面で不安に感じることがあるかと思います。

　子どもは日々成長します。「子どもについての知識」が後追いになっては、取り返しのつかないことにつながったり、対応できずに落ち込んだりしてストレスになってしまいそうです。

　正しい知識をほんの少し知っているだけでも、たった一言のアドバイスでも、納得できたり不安が取り除かれたりします。本書だけでは十分ではないと思いますが、これだけ知っていただければ、という思いでまとめました。

　お子さんをみる上で、少しでも安心と自信につながれば幸いです。

　最後になりましたが、本書を出版する機会をくださいました東京図書出版の皆さんに、深く感謝いたします。

水 野 佑 紀

参考資料

宮崎和子『看護観察のキーポイントシリーズ　改訂版　小児Ⅰ・Ⅱ』中央法規出版　2007

土居悟『小児呼吸器の看護マニュアル』メディカ出版　2006

「小児の治療指針」『小児科診療』（第77巻増刊号）診断と治療社　2014

「保護者への説明マニュアル」『小児科診療』（第77巻11号）診断と治療社　2014

『小児疾患診療のための病態生理1　改訂第5版』東京医学社　2014

日本外来小児科学会編著『お母さんに伝えたい子どもの病気ホームケアガイド　第3版』医歯薬出版　2010

日本外来小児科学会編著『お母さんに伝えたい子どものくすり安心ガイド　第2版』医歯薬出版　2005

「外来でよく使用される子どもの薬」『小児看護』（第38巻第8号）へるす出版　2015

吉岡敏治他『発生状況からみた急性中毒初期対応のポイント家庭用品編』へるす出版　2016

「必携！　けいれん、意識障害」『小児内科』（第43巻第3号）東京医学社　2011

「ちょっと気になる症候のみかた考えかた」『小児内科』（第43巻第10号）東京医学社　2011

田中英高『起立性調節障害がよくわかる本』講談社　2013

崎山弘・本田雅敬共著『帰してはいけない小児外来患者』医学書院　2015

市川光太郎・林寛之共著『ERの小児　時間外の小児救急どう乗り切りますか？』CBR　2013

「ER的小児救急」『別冊ERマガジン』（第11巻第2号）CBR　2014

福井聖子・白石裕子共著『これからの小児救急電話相談ガイドブック』へるす出版　2017

加藤啓一『応急手当ミニハンドブック』少年写真新聞社　2016

「緊急度判定プロトコルVer2　救急受診ガイド」消防庁ホームページ（https://www.fdma.go.jp/mission/enrichment/appropriate/items/jikohandan.pdf）

「緊急度判定プロトコルVer2　電話相談」消防庁ホームページ（https://www.fdma.go.jp/mission/enrichment/appropriate/items/denwa_soudan.pdf）

水野　佑紀（みずの　ゆうき）

看護師・保健師。総合病院、市保健センター、保育園、小児科外来勤務を経験。現在も小児科クリニックにて乳幼児健診、育児相談、医療相談などに携わる。

赤ちゃん・子どもの「病院へ行く前に……」
～ 0歳から15歳（中学生）頃まで～

2019年11月16日　初版第1刷発行

著　者	水野 佑紀
発行者	中田 典昭
発行所	東京図書出版
発売元	株式会社 リフレ出版
	〒113-0021　東京都文京区本駒込 3-10-4
	電話 (03)3823-9171　FAX 0120-41-8080
印　刷	株式会社 ブレイン

© Yuki Mizuno
ISBN978-4-86641-284-9 C0077
Printed in Japan 2019
落丁・乱丁はお取替えいたします。

ご意見、ご感想をお寄せ下さい。

［宛先］〒113-0021　東京都文京区本駒込 3-10-4
　　　　東京図書出版